스페인어 문형별 작문연습

개정판

Modo de Escribir en Español : Nivel Intermedio

스페인어 문형별 작문연습

개정판

| 이수열 · 이강국 · 성초림 · 박소영 지음 |

HU:iNE

저자의 말

스페인 사회 문화 전반에 관한 관심이 뜨겁다. 더불어 스페인어 전공자뿐만 아니라 일반 대중 사이에 스페인어 학습 열기도 그 어느 때보다 높아졌다. 그리고 이러한 열기에 힘입어 시중에 많은 스페인어 학습 교재들이 쏟아져 나오고 있다. 하지만 이들 교재 대부분이 기초 학습자만을 겨냥하고 있는 것도 사실이다.

이 책은 기초문법과정을 이수한 학습자를 대상으로 하고 있다. 기본적 단문을 구사하는 단계를 넘어서 다음 단계로 진일보하려는 학습자를 대상으로 문장구성에 필요한 다양한 문형을 익힐 기회를 제공하여 좀 더 다채로운 문장을 구사하도록 돕는 것이 이 책의 목적이다.

책의 구성은 다음과 같다.

1. 중문, 복문을 구성하는데 필수적인 문형을 풍부한 예문과 더불어 소개하고 익히도록 한다. 제시된 문형마다 예제를 두어 앞서 공부한 문형을 익숙하게 사용할 수 있도록 연습하게 이끈다.

2. 단원별로 다량의 연습문제를 필수어휘와 함께 수록하여 각 문형을 사용하여 여러 가지 상황에 따라 다양한 종류의 문장을 만드는 연습을 할 수 있도록 꾸몄다. 단원별 연습문제는 다음의 세 단계로 이루어져 있다.

   연습문제 A : 각 과에서 설명하고 있는 문형을 포함하는 한국어 문장을 제시하고 이를 스페인어로 옮기도록 한다. 앞에서 제시된 문형과 직접적인 관련이 있는 문장 위주로 구성되어 있으므로 학습자가 각 과의 기본적인 패턴을 이해하고 있는지 검토해볼 수 있다.

연습문제 B : 연습문제 A에서 한 단계 높아진 형태로, 문장구성에 필요한 문형과 어휘가 모두 주어진 상황에서 제시된 한국어 문장을 스페인어로 올바르게 엮어내는 연습이다. 이미 배운 문형을 활용하여 제대로 된 문장을 구사하도록 유도한다.

연습문제 C : 기본적인 표현에서부터 시사성 높은 문장에 이르기까지 실생활에서 사용하는 다양한 내용의 한국어 문장을 스페인어로 옮기는 마지막 단계의 연습문제이다.

다시 말하지만 이 책은 기초적인 스페인어 문법이나 어휘를 이미 습득한 학습자가 고급단계로 접어들기 위한 징검다리로 사용하도록 구성되어 있다. 따라서 아주 기본적인 문장 쓰기에서 시작하여 좀 더 복잡한 유형의 문장을 표현하는 데 꼭 필요한 여러 문형을 익혀나가면서 마지막에는 고급 스페인어 단계의 상당히 난이도 있는 문장에 이르게 된다. 꼼꼼히 한 과 한 과 학습하다 보면 학습자의 문장구성 능력이 일취월장하는 것을 느끼게 될 것이다.

학습자의 건승을 기원하다.

2020년 2월

저자 일동

목차

저자의 말 5

제1과 SE의 용법 9

제2과 대등절 21

제3과 명사절 35

제4과 관계사절 I 49

제5과 관계사절 II 61

제6과 비교급과 최상급 75

제7과 장소 및 양태 부사절 87

제8과 시간 부사절 101

제9과 목적 부사절 115

제10과 조건절과 양보절 127

제11과 원인 및 결과 부사절 139

제12과 동사의 무인칭 형태들 153

제1과 SE의 용법

SE는 문맥에 따라 '재귀, 상호, 수동, 비인칭, 무의지' 등 다양한 의미로 사용된다.

I. 문장유형

A. 기본 문형 1: 재귀

1. En general **me** levanto a las siete de la mañana.
   나는 보통 아침 7시에 일어난다.
2. Mis padres **se** acuestan tarde.
   우리 부모님은 늦게 잠자리에 드신다.
3. Los niños **se** lavaron las manos después de jugar en el jardín.
   아이들은 정원에서 놀고 난 후에 손을 씻었다.
4. Fernando **se** afeita todas las mañanas.
   페르난도는 매일 아침 면도를 한다.
5. **Se** convenció a sí mismo de que podía ganar.
   그는 이길 수 있다고 스스로에 확신했다.

- 재귀(再歸)란 말 그대로 행위의 결과가 주어 자신에게 되돌아오는 것을 말한다. se는 타동사와 함께 쓰여 목적어 역할을 하며 '자신을 -하다'라는 자동사적 의미가 된다. 즉, 주어 자신이 동사의 목적어가 되는 형태이다.

Rosario sentó a su hija en la silla de seguridad.
로사리오는 딸을 카시트에 앉혔다.

Rosario se sentó después de dar un discurso.
로사리오는 연설을 한 후에 자리에 앉았다.

- 3번 예문에서 자신의 신체 부위를 닦는 경우, 그 신체 부위 앞에는 '정관사'를 쓴다.

Los niños se lavaron las manos después de jugar en el jardín.
아이들은 정원에서 놀고 난 후에 손을 씻었다.

예제 1

a. 다니엘은 오늘 새벽 시끄러운 소리에 잠에서 깼다. (despertarse)
b. 이사벨은 거울을 보며 머리를 빗는다. (peinarse)

B. 기본 문형 2: 수동

1. Se cortaron los árboles.
   나무들이 잘렸다.

2. Se aceptaron mis propuestas.
   나의 제안들이 받아들여졌다.

3. El análisis se hace en máquinas especiales.
   분석은 특수한 기계로 이루어진다.

4. Los libros de segunda mano se vendieron a precios razonables.
   중고 책들은 합리적인 가격에 팔렸다.

5. En la reunión se discutieron todos los problemas pendientes.
   회의에서 모든 현안들이 토론되었다.

- se는 타동사와 함께 쓰여 수동의 의미를 가지며, 대체로 'se+V+S'의 어순이 선호된다. 'ser+pp'형과 동일한 의미를 갖지만, se 수동 구문에서는 대체로 'por+행위자'가 나타나지 않는다.

비교

Los obreros cortaron los árboles. 일꾼들은 나무들을 잘랐다.

➜ Los árboles **fueron cortados por** los obreros. 나무들은 일꾼들에 의해 잘렸다.

➜ **Se cortaron** los árboles. 나무들은 잘렸다.

➜ Los árboles **están cortados**. 나무들은 잘려있다.

예제 2

a. 암은 몇 년 내에 정복될 것이다. (dominarse)

b. 조난자들을 구하기 위해 구조팀이 파견되었다. (enviarse)

C. 기본 문형 3: 상호

1. Romeo y Julieta **se** amaban uno a otro.
   로미오와 줄리엣은 서로 사랑했다.

2. María y Gloria **se** ayudaron la una a la otra.
   마리아와 글로리아는 서로 도왔다.

3. Hacía veinte años que no **se** veían, pero ellos **se** reconocieron al instante.
   그들은 못 본 지 이십년이 지났지만 금세 서로 알아보았다.

4. Los novios **se** casaron un año después de conocer**se**.
   연인들은 서로 안지 일 년 후에 결혼했다.

5. Siempre que **se** encuentran, **se** saludan efusivamente.
   그들은 항상 만날 때마다 정열적으로 인사한다.

- 상호의 se가 사용된 구문에서는 주어가 항상 복수여야 한다.

- 1, 2번 구문에서처럼, 의미를 분명하게 하기 위해 부사어구인 uno a otro, una a otra; el uno al otro, la una a la otra; mutuamente, recíprocamente 등이 함께 사용되기도 한다. 주어에 남녀가 섞여 있더라도 *uno a otra 또는 *una a otro, *el uno a la otra 또는 *la una al otro 등은 쓰지 않는다.

Pablo y María se han saludado **el uno al otro**.
빠블로와 마리아는 서로 인사했다.

동사의 의미에 따라 쓰이는 전치사가 달라진다.

Ellos se han enamorado **el uno del otro**. 그들은 서로 사랑에 빠졌다.

Ellos se hablan **el uno con el otro**. 그들은 서로 이야기 한다.

- 3번 문형에 쓰인 hacía는 '-하기 전'으로 해석되지만 '-이 되다'라는 의미의 동사 hacer가 무인칭으로 쓰인 것이다. 따라서 시제가 현재인 경우에는 hace가 된다.

Hace mucho tiempo que no nos hemos visto.
우리가 못 본지 오래되었다.

예제 3

a. 그들은 마드리드 발 런던 행 비행기에서 서로 알게 되었다. (conocerse)

b. 두 정상은 국경에서 만나 서로 손을 맞잡았다. (encontrarse/ apretarse las manos)

D. 기본 문형 4: 무의지

1. Se te cayó el boli.
   네 볼펜 떨어졌어.
2. Se me olvidó hacer la tarea.
   숙제하는 것을 깜빡 잊었어.
3. De repente se le ocurrió una idea.
   그는 문득 아이디어가 떠올랐다.
4. Se me soltaron las risas.
   나는 웃음보가 터졌다.
5. Se me cierran los ojos.
   내 눈이 감긴다.

무의지의 se가 쓰인 구문은 대체로 'se+OI+V+S' 어순으로 이루어진다. 즉, 간접목적격을 동반하며, 간접목적격은 의미상의 주어로 해석된다. 예를 들어, 1번 문장에서 te는 문장의 의미상의 주어로 해석되고 el boli의 소유자가 된다. 5번의 경우에도 마찬가지이다. 간접목적격 me는 los ojos의 소유자가 된다.

예제 4

a. 내게서 좋은 기회들이 다 날아가 버렸다. (escaparse)
b. 에밀리오는 그 문제의 해법이 떠올랐다. (ocurrirse)

E. 기본 문형 5: 대명동사

1. ¿Cómo **te atreves a** hacer eso?
   네가 어떻게 감히 그럴 수 있니?

2. Los estudiantes **se quejaron del** trato recibido.
   학생들은 자기들이 받은 대우에 대해 불평했다.

3. Olivia **se arrepiente de** no haberle dicho la verdad.
   올리비아는 그에게 사실을 말하지 않은 것을 후회하고 있다.

4. Un aliado de Al Qaeda **se escapó de** la cárcel de Gaza en la que estaba recluido.
   한 알카에다 조직원은 수감되어 있던 가자의 감옥에서 탈출했다.

5. La policía confirmó que Alexis **se había suicidado**.
   경찰은 알렉시스가 자살했다고 확인했다.

항상 se를 동반하는 동사들을 '대명동사(pronominal)'라고 한다. 이 동사들은 늘 se를 동반할 뿐만 아니라 목적어를 취할 때 특정 전치사를 동반하기도 하므로 함께 익혀두는 것이 좋다.

abstenerse de ~을 자제하다.

Debes **abstenerte del** tabaco. 너는 담배를 자제해야 한다.

→ abstenerse 기권하다

Los diputados **se abstuvieron** en la votación. 국회위원들은 투표에서 기권했다.

fugarse de ~로부터 도망치다.

Dos presos **se fugaron de** la prisión la noche pasada. 지난밤에 죄수 두 명

이 감옥에서 도망쳤다.

Ella se fugó con su cómplice. 그녀는 공범과 도망쳤다.

jactarse de ~을 자랑하다, 으스대다.

Ella se jacta de su inteligencia. 그녀는 자신의 똑똑함을 자랑하고 있다.

Él se jacta de lo guapa que es su hija. 그는 자기 딸이 얼마나 예쁜지 자랑하고 있다.

예제 5

a. 알렉스는 수술 후 육식을 자제하고 있다. (abstenerse de)
b. 그 등반가는 알프스를 등정했다고 자랑하고 있다. (jactarse de)

F. 기본 문형 6: 비인칭

1. Se dice que María no es española.
   마리아는 스페인 사람이 아니라고들 한다.
2. Se habla español en Bolivia.
   볼리비아에서는 스페인어를 한다.
3. Se gana poco, pero se gasta mucho.
   조금 벌고 많이 쓴다.
4. Ayer se llegó a los 50°C en Ceuta.
   어제 세우따는 기온이 섭씨 50도에 육박했다.
5. Se la veía muy contenta.
   그녀는 아주 만족해 보였다.

수동의 se *vs.* 비인칭의 se

'수동의 se'의 경우, 동사는 '타동사 3인칭 단, 복수'가 모두 가능하다. '비인칭의 se'의 경우에는 자동사와 타동사 모두 가능하지만 '3인칭 단수'만 쓰인다. 따라서 se가 '타동사 3인칭 단수'와 함께 쓰인 문장에서는 수동과 비인칭의 구분이 애매모호한 경우도 있다. 비인칭 구문에서 se가 사용되지 않는 문장으로 바꾸면 동사는 3인칭 복수형(Se dice=Dicen, Se habla=Hablan, Se gana=Ganan 등)이 된다.

4번에서 50°C는 'cincuenta grados centígrados'라고 읽는다. '화씨'를 뜻하는 F는 독일어 그대로, 스페인어로도 'grado(s) Fahrenheit라고 한다: 50°F 'cincuenta grados Fahrenheit'. (섭씨 0도=화씨 32도)

5번에서 contenta는 직접목적어 la의 목적보어이다. 따라서 직역하면 '만족해 있는 그녀를'이 되지만, 의역하면 '그녀가 만족해 있다'가 되는 것이다.

예제 6

a. 여기서는 (사람들이 대부분) 행복하게 잘 산다. (vivirse)
b. (사람들은 대부분) 부패한 정치인들을 비난한다. (criticarse)

II. 연습문제

A. 주어진 어휘를 이용하여 다음 문장들을 작문하시오.

1. 내 바지 색이 바랬어. [decolorarse]

2. 사무엘은 술에 취하면 공격적으로 변한다. [volverse]

3. 가브리엘은 소피아에게 비키라고 소리쳤다. [retirarse]

4. 너희들, 어떻게 감히 선생님께 그걸 말했니? [atreverse a]

5. 그 대성당은 지은 지 500년 만에 복원되었다. [restaurarse]

6. 어떻게 너는 이 시간에 나한테 전화 걸 생각을 했니? [ocurrirse]

7. 나는 피 묻은 수건을 보자 심장이 멎는 줄 알았다. [pararse]

8. 쌀로 만든 빵이 눈 깜짝할 사이에 1000개 이상 팔렸다. [venderse/ hacerse]

* 눈 깜짝할 사이에: en un abrir y cerrar de ojos

B. 주어진 어휘를 이용하여 다음 문장들을 작문하시오.

1. 양국 지도자들은 서로 반갑게 악수를 했으나, 곧 설전을 벌이기 시작했다.
   [apretarse las manos, discutirse]

2. 서두르지 마십시오. 제가 결과를 전화로 알려드리겠습니다.
   [darse prisa 또는 apresurarse]

3. 그 옷 벗어라. 노란색은 너한테 안 어울려. 더 뚱뚱해 보여.
   [quitarse/ sentar/ ver]

4. 오늘 책상에서 내 핸드폰이 떨어졌어. 액정이 깨졌고 화면이 까매졌어.

[caerse/ romperse/ quedarse]

* 액정: el cristal líquido, 화면: la pantalla

5. 사고는 한 구경꾼이 도로를 무단 횡단하다가 오토바이와 부딪쳐서 일어났다.

[producirse/ cruzar/ ser golpeado]

6. 너희들, 동시에 여러 언어를 배우면 헷갈릴 수 있어. 특히 사람들은 이탈리아어와 스페인어를 헷갈린다고 하더라. [confundirse/ decirse]

C. 주어진 어휘를 이용하여 다음 문장들을 작문하시오.

1. 대변인의 발표를 듣고 사람들은 정부의 정책이 변하지 않으리라는 것을 깨달았다. [darse cuenta de]

2. 그 둘은 서로 사랑에 빠진 뒤로, 수업에 자주 빠지더니 결국 둘 다 그 과목을 낙제했다. [enamorarse, saltarse la clase, acabarse por]

* 낙제하다: suspender la asignatura

3. 나는 내 딸의 비만만 걱정했지 거식증 환자가 될 줄은 전혀 생각하지 못했다.

[preocuparse por/ pasarse a alguien por la cabeza]

* 비만: la obesidad, 거식증: la anorexia, 거식증 환자: anoréxico
[↔ 대식증 la bulimia, 대식증 환자: bulímico]

4. 나는 내 남자 친구가 머리를 빨간색으로 염색할 것이라고 말했을 때 무척 놀랐다. [teñirse/ sorprenderse]

5. A: 어떻게 하지? 도로에 있는 깨진 유리 때문에 바퀴가 펑크 났어!
[pincharse]

B: 너무 걱정하지 마. 보험사를 부르면 돼. [preocuparse]

6. 언니는 내가 실수하면 불같이 화를 내고, 내가 뭘 깜박하면 소리를 지른다.
[enfurecerse/ equivocarse/ olvidarse a alguien]

제2과 대등절

독립된 두 개 이상의 문장이 서로 대등한 관계로 연결되어 있는 문장을 대등절이라고 한다. 구문은 두 문장을 연결하는 접속사의 의미에 따라 '연결, 분리, 역접, 배분, 설명, 결과' 등으로 나뉜다.

I. 문장유형

A. 기본 문형 1: 연결

1. Pídeselo educadamente y te hará caso.
   공손하게 그에게 청해라, 그러면 너에게 신경을 써줄 것이다.
2. Lo buscó, lo siguió y lo detuvo nada más encontrarlo.
   그를 찾았고 추적해서 발견하자마자 잡았다.
3. Mis primos son Lola, Jaime e Inés.
   내 사촌은 롤라, 하이메, 이네스이다.
4. Ayer no viniste a verme ni me llamaste por teléfono.
   어제 너는 나를 보러 오지도 않았고 전화하지도 않았다.
5. Marta ni hizo su cama ni lavó los platos.
   마르따는 잠자리 정리도 안하고 설거지도 안 했다.

› 2번에서처럼, 한 문장에서 동사가 3개 이상 출현하는 경우에는 마지막 동사 앞에만 y를 붙인다.

- 3번에서처럼, y는 /i/로 시작되는 단어 앞에서 e로 변한다. 그러나 hi+모음으로 시작되는 단어 앞에서는 e가 되지 않는다. 다른 모음 앞에 출현하는 hi-의 발음이 마찰음이기 때문이다.

Aquí nieva **y hiela** con frecuencia.
이곳은 눈도 오고 얼음도 자주 언다.

- ni는 y no의 줄임말이다. 강조를 위해 문두에 위치할 수도 있다.

No tengo dinero **ni** tiempo.

Ni dinero **ni** tiempo tengo.
나는 돈도 시간도 없다.

예제 1

a. 날씬해지려면 다이어트 해, 그러면 훨씬 좋아 보일 거야. (y)
b. 나는 아직도 빠블로가 어디에 사는지 무엇을 하는지 모른다. (no/ ni)

B. 기본 문형 2: 분리

1. No sé si el profesor está en la clase **o** en su despacho.
   교수님께서 교실에 계신지 연구실에 계신지 모르겠다.
2. Prepara bien el examen **o** volverás a hacerlo.
   시험 준비 잘 해라, 아니면 재시험을 치러야 할 것이다.
3. ¿Qué flor prefieres, rosa **u** orquídea?
   너는 어느 꽃을 더 좋아하니? 장미? 아니면 난초?

- o는 /o/로 시작되는 단어 앞에서 u가 된다. /o/로 시작되는 아라비아 숫자 앞에서도 마찬가지이다.

  Tendrá siete **u ocho** años.

  = Tendrá 7 **u 8** años.
  아마 7살이나 8살 쯤 되었을 거야.

- 과거에는 아라비아 숫자 사이에서 cero '0'와 구분하기 위해 o위에 강세를 표시하기도 했으나 요즘엔 컴퓨터 자판에서 0와 o가 확연하게 구분되므로 대체로 강세를 표시하지 않는다.

예제2

a. 교실에는 일곱 혹은 여덟 명의 학생이 있다. (u)
b. 미래를 잘 준비해라, 아니면 졸업 후에 후회할 것이다. (o)

C. 기본 문형 3: 역접

1. Ana no entendía bien el tema, **pero** sacó una buena nota.
   아나는 주제를 잘 이해하지 못했지만 좋은 점수를 받았다.
2. Luis no fue a la escuela **sino que** se quedó en casa.
   루이스는 학교에 가지 않고 집에 있었다.
3. Nuria hace todo muy bien, **excepto** estudiar.
   누리아는 공부 빼고는 다 잘한다.
4. **Además de** no llegar nunca a tiempo, Juan nunca hace la tarea.
   후안은 결코 제시간에 오지도 않으면서, 숙제도 결코 하지 않는다.
5. No hice nada el fin de semana pasado, **fuera de** estudiar para el examen de historia.
   나는 지난 주말 역사 시험 공부한 거 말고는 아무것도 하지 않았다.

- 2번에서 sino는 no와 함께 쓰여 '~이 아니라 ~이다'라는 의미로 쓰인다. sino뒤에 절이 올 때는 sino que가 된다.

  No lo hizo José, **sino** Juan. 호세가 그것을 한 게 아니라 후안이 한 것이다.

  No lo sabe, **sino que** lo aparenta. 그것을 알고 있는 것이 아니라, 그런 척 하고 있을 뿐이다.

- 3번에서 excepto 대신에 menos나 salvo도 쓸 수도 있다.

- sin embargo, no obstante, aunque, si bien도 역접의 의미로 사용된다.

  Luis no salió de casa, **sin embargo** sabe todo lo que les ha pasado a los amigos.
  루이스는 집에서 나가지 않았지만, 친구들에게 무슨 일이 있었는지 다 안다.

Aunque estoy mal, no faltaré a clase.
나는 몸이 아프지만, 수업에는 빠지지 않을 거야.

5번에서는 fuera de 대신에 aparte de로도 바꾸어 쓸 수 있다.

예제 3

a. 그건 제가 한 게 아니라 형이 한 거예요. (no/ sino)
b. 겨울이지만, 날씨가 따뜻하고 비가 많이 내린다. (si bien 또는 aunque)

D. 기본 문형 4: 배분

1. O no lo sabe, o no lo quiere decir.
그것을 모르든지, 아니면 말하고 싶지 않든지 (둘 중 하나이다).

2. Que venga o que no venga él, me da igual.
그가 오든지 오지 않든지, 나에겐 마찬가지다.

3. Ya con gozo ya con dolor beben alcohol.
사람들은 때론 기쁨에 겨워 때론 슬픔에 젖어 술을 마신다.

4. Raúl no habla con María, sea porque está enojado con ella, o sea porque no la conoce.
라울은 마리아와 얘기를 안 한다. 그녀에게 화가 났거나, 아니면 그녀를 잘 몰라서.

5. Julio es completamente impredecible. O bien llega temprano, o bien llega tarde.
훌리오는 아주 예측 불가능하다. 일찍 오거나, 혹은 늦게 오거나 해서.

- 2번에서 '오든지 말든지'는 Que venga o no로도 표현된다. 그러나 이 경우는 '배분'의 의미가 아니라 양보의 부사절이 된다. 따라서 2번 구문과 의미가 달라진다. Que venga o que no venga는 두 개의 독립된 개념으로 '선택의 의미'가 있는 반면에 Que venga o no는 하나의 개념으로 선택의 의미가 없다. 그러나 동사가 동일한 경우에는 큰 차이가 없다.

  Que venga o no, no me importa.
  그가 오든지 말든지, 난 상관없어.

- 4번에서 (o) sea~, (o) sea는 문장의 시제가 과거일 경우 fuera~ o fuera로 바뀐다.

- 5번에서 (o) bien~, (o) bien의 경우, 두 o를 생략하기도 한다.

  Te lo enviaré bien por e-mail, bien por mensaje.
  이메일로든 문자로든 네게 그것을 보낼게.

예제 4

a. 네가 가든지 가지 않든지 난 상관없다. (que ~ o que ~)
b. 피곤해서 그런지, 혹은 예습을 안 해 와서 그런지 호세는 수업시간에 말 한마디 안 했다. (o porque ~ o porque ~)

E. 기본 문형 5: 설명

1. Carolina es otorrinolaringóloga; **es decir**, trata a pacientes con problemas de oído, nariz o laringe.
   까롤리나는 이비인후과 의사이다. 즉 귀, 코, 후두에 문제가 있는 환자를 치료한다.

2. El oso es omnívoro; **o sea**, come de todo.
   곰은 잡식 동물이다. 즉, 뭐든지 다 먹는다.

3. A: ¿Qué te ha parecido Ismael? 이스마엘 어땠어?

   B: No sé... No me gusta mucho. **O mejor dicho**, no es mi tipo.
   모르겠어... 썩 맘에 들지는 않아. 정확히 말해 내 타입은 아니야.

2번 문장에서 쓰인 de는 '~의 일부분'이라는 의미를 갖는다. 이 문장에서 de를 생략하면 '모든 것을 다 먹는다'는 뜻이 된다.

Él bebió **de** aquel vino.
그는 그 술(의 일부)을 마셨다.

Ellos comieron **de** lo que habían cazado.
그들은 사냥한 고기(중 일부)를 먹었다.

예제 5

a. 내 조카, 즉 블랑까의 딸은 지금 보고따에서 간호사로 일하고 있다. (es decir 또는 o sea)

b. 나는 어제 영화관에 갔는데, 정확히 말해서 그들이 나를 데려간 것이다. (o mejor dicho)

F. 기본 문형 6: 결과

1. No me escuchaste; **por eso** ahora lo estás pagando.
   너는 내 말을 듣지 않았어, 그래서 지금 그 대가를 치르고 있는 거야.
2. ¡Es mi vida, **así que** déjame en paz!
   내 인생이에요, 그러니 날 좀 그냥 내버려 두세요!
3. Ella se sacrificó cuidando de muchos pobres, **por lo tanto** todo el mundo la adora como a una santa.
   그녀는 많은 불쌍한 자들을 돌보며 자신을 희생했다. 그래서 모든 사람이 성녀를 추앙하듯 그녀를 추앙한다.
4. Ha leído todas las obras de Borges; **de ahí que** conociera tan bien su filosofía de la vida.
   그는 보르헤스의 모든 작품을 다 읽었다. 그래서 그는 그의 인생철학을 잘 알게 되었다.
5. Se presentó de voluntario al Cuerpo de Paz, **de manera que** lo enviaron a África.
   그는 평화 봉사단에 자원 봉사자로 등록해서 아프리카로 파견되었다.

- 1번에서 por eso 대신에 pues도 사용된다.

- 3번에서 por lo tanto의 경우에 lo를 생략하기도 한다. por consiguiente도 같은 의미이다.

- 4번 문형의 경우, 결과의 접속사 구문에서는 일반적으로 직설법 동사가 출현하지만, de ahí que의 경우에는 접속법 동사를 동반한다. 주로 앞 문장과 coma(,)나 punto y coma(;)로 구분한다.

Ha estado lloviendo todo el día; **de ahí que** no te haya llamado para salir.
하루 종일 비가 내렸다, 그래서 네게 나가자고 전화하지 못했다.

예제 6

a. 나는 내 일을 끝냈다. 그러니 나가서 공원이나 한 바퀴 돌아야겠다. (así que)

b. 이그나시오는 중간고사를 잘 보지 못했다. 그 결과(=그래서) 재수강을 해야 할 것 같다. (por tanto 또는 por consiguiente)

II. 연습문제

A. 주어진 어휘를 이용하여 다음 문장들을 작문하시오.

1. 나는 할 일이 많아서 그만 가봐야겠다. [pues]

2. 엘사가 죽든지 말든지 난 신경 안 쓴다! [que~o que no~]

3. 실비아는 그 요리가 맘에 안 들었지만 다 먹었다. [pero]

4. 아브릴은 고소공포증이 있다. 즉, 높은 곳을 무서워한다. [es decir]

 * 고소공포증(高所恐怖症): la acrofobia (→ la claustrofobia 폐소공포증(閉所恐怖症))

5. 나한테 이메일로 보내든지 팩스로 보내든지 네 이력서를 보내라. [o~ o~]

6. 배가 고팠는지 맛이 있었는지, 뻬드로는 닭 한 마리를 다 먹어 치웠다.

[o~ o~]

7. 너는 라껠에게 꽃 한 다발을 선물하겠다고 했는데 안 했더라. [pero]

8. 그는 중남미 소설을 많이 읽었다, 그래서 중남미에 대해 잘 안다. [por eso]

B. 주어진 어휘를 이용하여 다음 문장들을 작문하시오.

1. 빠뜨리시아는 조울증 환자다. 울었다가 웃었다가 한다. [o~o~]

* 조울증(躁鬱症): la ciclotimia, 조울증 환자: ciclotímico

* 우울증(憂鬱症): la depresión, 우울하다: estar deprimido

2. 방금 히메나가 기숙사에 도착했어요, 그러니 안심하세요. [así que]

3. 나초는 도서관에서 큰 소리로 전화 통화를 했다, 그래서 쫓겨났다.
[por consiguiente]

4. 방금 한 말 다시 해봐, 아니면 입 다물고 있어. [o]

5. 초대받은 사람들은 재미가 없어 그런지 아니면 수줍어서 그런지 파티 내내 조용히 있었다. [o porque~, o porque~]

6. 페르난다는 꿈을 이루고자 힘껏 노력했지만 그녀에게 무척 힘든 일이었기 때문에 역경 앞에 굴복했다. [pero 또는 sin embargo]

C. 주어진 어휘를 이용하여 다음 문장들을 작문하시오.

1. 너나 나나 어떤 결정을 내려야할지 모르겠다. 일부는 영화 보러 가자고 하고, 일부는 집에 있자고 하니 어쩌지? [ni ~ ni ~]

2. 오리올은 수업 시간에 쉬지 않고 핸드폰을 만지작거렸다. 단어 찾느라 인터넷을 검색한 것이 아니라 여자 친구와 문자를 주고받은 것이었다. [no ~ sino que ~]

3. 모레노 부부는 정말로 인자한 사람들이다. 내가 멕시코를 여행하고 있을 때 나를 식사에 초대했을 뿐만 아니라 내게 잠자리도 제공했다. [no solo ~ sino también ~]

4. 알론소는 몇 년간 저축했지만, 최근 몇 년 간 집값이 너무 올랐기 때문에 변변한 집 한 채 살 수 없었다. [sin embargo]

5. 알베르또는 작문 시험공부 이외에는 아무것도 하지 않았다. 그 결과 성적을 아주 잘 받았다. 그러니 너는 그보다 공부를 덜 했으니 불평하지 마라. [por consiguiente]

6. 프랑스의 철학자 데카르트는 '나는 생각한다, 고로 나는 존재한다'라고 말했다. 그러나 요즘 젊은이들은 '나는 소비한다, 고로 나는 존재한다'는 식으로 생각하는 것 같다. [sin embargo]

제3과 명사절

문장에서 명사의 기능(주어, 목적어, 보어 역할)을 하는 절을 말한다. 주로 que에 의해 이끌리며, 문맥에 따라 qué, cuándo, cuánto, dónde, cómo, quién 등의 의문사도 쓰인다.

I. 문장유형

A. 기본 문형 1: 비인칭 구문에서의 주어

1. Es necesario **que seamos prudentes**.
   우리는 신중할 필요가 있다.
2. Para el aumento de las exportaciones, es mejor **que suba el dólar**.
   수출 증대를 위해서는 달러가 오르는 것이 더 좋다.
3. Es una vergüenza **que mi país lo considere un héroe nacional**.
   우리나라가 그를 국민적 영웅으로 여기는 것은 부끄러운 일이다.
4. Es una tontería **que no haya querido venir**.
   그가 오고 싶어 하지 않았다는 것은 바보짓이다.
5. Conviene **que te lo compres lo antes posible**.
   네가 가능한 빨리 그것을 사는 것이 좋다.

이 문형에서는 문장의 어순, 즉 'V+Adj.(N)+que+S+V' 또는 '비인칭동사+que' 순서에 주의하자. 그리고 문맥에 따라 명사절에서 직설법 혹은 접속법이 쓰일 수 있다.

Es cierto (seguro, la verdad, etc.) que + 직설법

Es cierto que el cambio climático ya **está teniendo** consecuencias catastróficas.
기후변화가 이미 재앙적 결과를 초래하고 있다는 것은 확실하다.

Es posible (necesario, probable, una pena, etc.) que + 접속법

Es posible que el jurado **haya cometido** un error.
배심원단이 실수를 저질렀을 가능성이 있다.

예제 1

a. 부모가 아이들에게 선의로 거짓말하는 것이 정상일까?
(es normal que)

b. 루까스가 돈을 많이 벌지 못했다는 것은 중요하지 않다.
(no importa que)

B. 기본 문형 2: 타동사의 주어

1. **El hecho de que descubrieran sus ahorros en el extranjero** agravó la crisis.
   해외에서 그의 계좌가 발견되었다는 사실이 위기를 가중시켰다.
2. **El que Seúl sea una ciudad segura en la noche** atrae a muchos turistas extranjeros.
   서울이 밤에 안전한 도시라는 사실은 많은 외국 관광객들을 끌어 모은다.
3. **Que él fuera hijo del primer ministro** causó una gran polémica.
   그가 총리의 아들이라는 사실이 큰 논란을 불러일으켰다.
4. Me sorprende **que haya tantos robos en la calle de Madrid**.
   마드리드 거리에서 그렇게 많은 절도가 일어난다는 것이 나를 놀라게 한다.
5. Me molesta **que no esté permitido traer jamón y chorizo.**
   하몬과 초리소를 못 가져오게 해서 짜증난다.

El hecho de que, El que 또는 Que로 시작되는 구문에서는 의미나 시제에 관계없이 관용적으로 접속법 표현을 사용한다. 청자에게 새로운 사실을 알리기보다는 '이미 알려진 정보에 대해 의견을 표현하는 것'으로 여겨지기 때문이다. 그러나 이미 익히 알려진 사실을 '단순하게 전달만 하는 경우'에는 직설법이 쓰이기도 한다. 이 경우에는 대개 el hecho de que 구문이 동사 뒤에 위치한다.

Cabe destacar **(el hecho de) que** la víctima **es** una mujer.
희생자가 여자라는 사실을 강조할 필요가 있다.

Me molesta mucho **el hecho de que José solo trabajó tanto**.
나는 호세 혼자 일을 그렇게 많이 했다는 사실이 불쾌하다.

Lo asombroso era **el hecho de que** tan solo le **habían dado** las reglas.
놀라운 것은 그들이 단지 그에게만 그 규정들을 적용했다는 사실이다.

예제 2

a. 스페인에서 더 이상 시에스따를 하지 않는다는 사실이 우리를 놀라게 했다. (que ~/ sorprender)

b. 나는 아멜리아가 자기 친구들 앞에서 나를 놀리는 것이 몹시 괴롭다. (molestar/ que ~)

C. 기본 문형 3: ser 동사, 자동사의 주어/보어

1. A mi padre no le gusta **que yo salga con Ángel**.
   아버지는 내가 앙헬과 사귀는 것을 좋아하지 않으신다.

2. Me duele **que no me hayas creído cuando dije la verdad**.
   내가 진실을 말했을 때 네가 나를 믿지 않은 것이 마음 아프다.

3. La verdad es **que eso está prohibido**.
   사실 그것은 금지되어 있다.

4. Parece **que el desempleo no se va a recuperar a corto plazo**.
   단기간에 실업문제가 회복되지 않을것 같다.

5. Lo más probable es **que suban los impuestos**.
   세금이 오를 가능성이 가장 크다.

➲ 1번과 2번에서는 que 절이 주어로 기능하고 있는 반면에, 3번과 4번, 5번에서는 보어로 기능하고 있다.

예제 3

a. 이곳 물가가 매우 높다는 것은 별로 좋은 소식이 아니다. (que ~)
b. 나는 너희들이 정직하다는 점이 마음에 든다. (que ~)

D. 기본 문형 4: 의문문, 감탄문 형식의 명사절

1. **Cómo recibió un 'Sobresaliente' Julia en gramática** es un misterio.
   훌리아가 문법에서 어떻게 A를 받았는지가 미스터리다.
2. **Con quién vive aquella actriz** ya no es un secreto.
   저 여배우가 누구와 사는 지는 이제 더 이상 비밀이 아니다.
3. Es increíble **cuánto come José**.
   호세가 얼마나 많이 먹는지 믿기 어려울 정도다.
4. Nadie sabe **a quién vio él**.
   그가 누구를 보았는지는 아무도 모른다.
5. La policía le preguntó **por qué entró a esa casa**.
   경찰은 그에게 왜 그 집에 들어갔는지를 물었다.

- 의문문, 감탄문의 문장들이 주어로 사용되는 문형 구조로 '의문사+V+S'의 어순이 주로 쓰인다.

- 스페인의 경우 학점은 MH(Matrícula de Honor), Sobresaliente, Notable, Aprobado, Suspenso 등으로 나타낸다. MH는 한국의 A+에 해당한다. 이 점수를 받으면 그 과목의 등록금(학점 당 수업료×학점수)만큼 다음 학기에 면제된다. 중남미의 경우는 나라마다 다른데 대개 숫자로 표시한다(10점 또는 5점 만점).

예제4

a. 그 꼬마가 어떻게 혼자 집에 돌아올 수 있었는지가 미스터리이다. (cómo)

b. 내가 마리아를 얼마나 좋아하는지 너는 상상도 못할 것이다. (cuánto)

E. 기본 문형 5: 타동사의 목적어

1. Te ruego **que me cuentes todo lo que sabes**.
   네가 알고 있는 모든 것을 내게 이야기해달라고 간청하는 바이다.
2. Dígame **cuándo quiere partir para París**.
   언제 파리로 떠나고 싶으신지 말씀해주십시오.
3. ¡Mira **qué guapa se ve ella hoy**!
   그녀가 오늘 얼마나 예뻐 보이는지 보아라!
4. Pedro se dio cuenta de **que Marta se había puesto un vestido nuevo**.
   뻬드로는 마르따가 새 옷을 입었다는 것을 알아차렸다.
5. Marta me preguntó **si Pedro estaba cansado**.
   마르따는 뻬드로가 피곤한지를 내게 물었다.

타동사의 목적어로 사용되는 명사절에서는 타동사의 의미에 따라 직설법, 접속법 표현이 선택된다. pensar, creer, decir 등의 동사는 직설법을 요구하지만 no pensar, no creer, no decir 등은 접속법을 요구한다.

No pienso que ella **hable** tan mal de mí.
난 그녀가 나를 그렇게 욕하고 다닌다고는 생각지 않아.

Hoy no creo que pueda ir a la escuela.
오늘 난 학교 갈 수 있으리라고는 보지 않아.

Yo no digo que tú lo hayas hecho.
난 네가 그것을 했다고 얘기하는 게 아냐.

decir가 '명령하다'라는 의미로 쓰인 경우에는 접속법을 요구한다.

Te digo que te marches ahora.
난 네게 지금 가라고 하는 거야.

예제 5

a. 너희들 뭐가 먹고 싶은지 나에게 얘기해라. (qué)
b. 제 결혼식에 참석해 주십사고 여러분들께 부탁드리는 바입니다. (que ~)

F. 기본 문형 6: 동격구문과 전치사의 목적어

1. El hecho **de que el ordenador está averiado** no justifica su pereza.
   컴퓨터가 고장났다는 사실이 그의 게으름을 정당화시키지는 못한다.
2. La posiblidad **de que Camila consiga la beca** es escasa.
   까밀라가 장학금을 받을 가능성은 희박하다.
3. La insistencia **en que las mujeres hagamos el servicio militar** no sirve para nada.
   우리 여자들도 군복무를 하자는 주장은 아무 소용이 없다.
4. Ellos están acostumbrados **a que se lo demos todo**.
   그들은 우리가 자기들에게 모든 것을 주는데 익숙해져 있다.

명사 혹은 형용사를 수식하는 'N(Adj.)+전치사+que절'의 문형 구조로, 명사나 형용사의 의미에 따라 직설법 또는 접속법이 사용된다. 전치사는 명사나 형용사의 특징에 따라 다양하게 나타난다.

예제 6

a. 로사가 해고당했다는 소식에 모두 놀랐다. (la noticia de que)
b. 로시오는 아드리안이 미국 사람이라고 주장하는데, 그건 옳은 게 아니다. (insistir en que)

II. 연습문제

A. 주어진 어휘를 이용하여 다음 문장들을 작문하시오.

1. 창밖에 날씨가 얼마나 좋은지 보아라. [qué]

2. 가장 가능성이 큰 것은 올해 안에 개헌을 할 것이라는 것이다. [que]

3. 공공장소에서 흡연을 금지하는 것은 당연하다. [que]

4. 그들이 그 추운 날에 공원 벤치에서 잠을 잔 것은 미친 짓이었다. [que]

5. 정부가 전쟁영웅을 돌보지 않는 것은 부끄러운 일이다. [que]

6. 나는 벨라르가 왜 그런 바보같은 짓을 했는지 이해가 가지 않는다.
[por qué]

7. 좋았던 것은 우리 가족이 매년 이사할 필요가 없어졌다는 것이었다. [que]

8. 내가 그 문제로 얼마나 고통을 받았는지 엄마는 상상도 못할 것이다.
[cuánto]

B. 주어진 어휘를 이용하여 다음 문장들을 작문하시오.

1. 마야는 자기 남편이 몹시 화가 나 있다는 사실을 알아차리지 못했다.
[darse cuenta de que]

2. 소비자 물가가 오를 가능성이 있다는 것이 이번 정치위기의 유일한 원인은 아니다. [la posibilidad de que]

3. 하비에르가 범인이라는 주장은 별로 설득력이 없다. DNA 검사를 할 필요가 있다. [es necesario que]

4. 우리는 위기 시에 침착하게 행동할 필요가 있다. 냉철하게 해결책을 모색하는 것이 바람직하다. [es necesario que/ conviene que]

5. 사실 디에고는 너희들과 함께 여행하고 싶어 하지 않았다. 너희들이 너무 돈 자랑을 해서 불편하다고 했다. [ser inconveniente que]

6. 그가 영영 떠나버렸다는 게 확실한 것 같다. 내가 외로울 때 그의 도움을 받을 수 없다는 사실이 마음 아프다. [el hecho de que]

C. 주어진 어휘를 이용하여 다음 문장들을 작문하시오.

1. 나는 아이들에게 도서관에서 떠들지 말라고 간청했다. 너는 그 아이들이 얼마나 시끄럽게 굴었는지 상상도 못할 것이다. [cuánto ruido]

2. 마리아는 아들이 일자리를 구할 수 없을까봐 걱정한다. 그 나이에 그가 아무 것도 안 하고 부모와 함께 산다는 것은 부끄러운 일이다.
[preocupar que/ ser una vergüenza que]

3. 누가 그 영화의 주인공이 될지는 전적으로 감독의 결정에 달려있다. 하지만 그 여배우가 기회를 잡을 가능성은 희박하다.
[Quién sea/ la posibilidad de que]

4. 헤수스가 너무 구두쇠라는 사실이 나는 마음에 들지 않는다. 어떻게 그가 알렉산드라와 결혼할 수 있었는지 미스터리다. [gustar que/ cómo]

5. 안드레아, 네 남편이 돈 많이 버는 것이 그렇게 중요하니? 난 그가 삶을 즐기는 것이 훨씬 더 중요하다고 생각해. [importar tanto que/ que]

6. 아직도 너희들이 스마트폰이 없다는 사실이 나는 놀랍다. 얼마나 편리한지 보아라! 너희들은 일상생활에서 스마트폰이 얼마나 유용한지 상상도 못할 것이다. [sorprender que/ cuán útil]

제4과 관계사절 I

명사나 대명사를 수식하는 형용사의 역할을 하는 절을 말한다. 이 때 que, quien, el que, el cual, cuyo 등의 관계사가 주로 사용된다.

1. 문장유형

A. 기본 문형 1: 관계사가 주어 역할

1. a. El señor **que** viene allí es mi padre.
   저기에 오시는 분은 나의 아버지이시다.

   b. Hay varios vuelos para Los Ángeles **que** salen esta tarde.
   오늘 오후에 출발하는 LA행 비행기 편은 여러 대이다.

2. a. Mariela, **que** viene allí, es mi prima.
   마리엘라가 저기 오고 있는데 내 사촌누이이다.

   b. La novela, **que** ganó el premio Cervantes, es muy interesante.
   그 소설은, 세르반떼스 상을 받았는데, 매우 흥미롭다.

3. No hay nadie **que** hable quechua en esta universidad.
   이 대학에는 께추아어를 말하는 사람이 아무도 없다.

관계사절이 사용된 문형에서는 이 절을 이끄는 관계사의 사용에 유의해야 한다. 관계사는 선행사인 명사 또는 대명사가 관계사절에서 행하는 문법적 역할에 따라 결정되며 문장에 따라 다양하게 나타난다.

1번 문형은 한정적 용법으로, 선행사가 주어 역할을 하는 문장이므로 관계대명사는 que만이 사용 가능하다.

2번 문형에서처럼 설명적 용법일 경우에는, 선행사가 사람이면 quien도 사용이 가능하다.

예제 1

a. 오늘밤 나는 수목 드라마를 볼 것이다. (la telenovela que/ televisarse)

b. 스페인에서는 담배를 파는 가게를 estanco라고 부른다. (las tiendas que/ vender)

B. 기본 문형2: 관계사가 동사의 목적어 역할

1. La película **que** vimos ayer era fantástica.
   우리가 어제 본 영화는 환상적이었다.
2. La chica **que** quiero es Marta.
   내가 사랑하는 소녀는 마르따이다.
3. Compré un libro, **al que** le falta una página.
   나는 책을 한 권 샀는데, 한 페이지가 빠져있다.
4. La chica **a quien** le regalé un boli es mi compañera de clase.
   내가 볼펜 한 자루를 선물한 소녀는 같은 반 친구이다.
5. Ana, **con quien** charlo por teléfono con frecuencia, es mi mejor amiga.
   아나는, 내가 자주 그녀와 전화로 수다를 떠는데, 나의 가장 친한 친구이다.

- 선행사가 관계절에서 목적어 역할을 하는 경우, 직접목적어일 때와 간접목적어일 때 사용되는 관계사가 다름에 주의해야 한다.

- 1, 2번에서처럼 선행사가 직접목적어일 경우에는 que의 사용이 가능하다.

- 그러나 3번과 4번 예문에서처럼 선행사가 간접목적어일 경우에는 que의 사용은 불가능하고 al que, al cual, a quien 등이 사용되어야 한다. a는 여격을 나타내는 '격 표시자'이다.

- 5번에서 전치사 con이 쓰인 것은 동사 charlar와 연결되기 때문이다.

예제 2

a. 어제 그들이 한 얘기는 좀 황당하고 말도 안 되는 것 같아.
(las palabras que)

b. 우리 동아리가 매주 방문하는 고아원은 많은 도움을 필요로 한다.
(el orfanato al que)

C. 기본 문형 3: 관계사가 전치사의 보어 역할

1. Antonio es uno de los profesores **a los que** me gustaría visitar.
   안또니오는 내가 방문하고 싶은 교수님들 중 한 명이다.
2. El chico **del que** está enamorada Irene vive en Burgos.
   이레네가 사랑에 빠진 남자는 부르고스에 살고 있다.
3. La casa **en la que** nació el autor fue vendida a una empresa española.
   그 작가의 생가는 한 스페인 회사에 팔렸다.
4. La chica **con la que** salió Sergio ayer es muy atractiva.
   세르히오가 어제 데이트했던 여자는 아주 매력적이다.
5. La razón **por la cual** les gusta España es que tiene muchos lugares bonitos.
   사람들이 스페인을 좋아하는 이유는 예쁜 곳이 많기 때문이다.

관계사 앞에 출현하는 전치사는 관계사절에서 사용된 동사의 구조나 의미에 따라 결정된다. 이 경우에는 일반적으로 que보다는 el que, el cual 형태의 관계사가 주로 사용된다.

예제 3

a. 우리가 어렸을 때 수영하던 연못은 낙엽으로 가득 차 있다.
(el estanque en el que)

b. 나와 집을 함께 썼던 친구는 지금은 마드리드에서 변호사로 일하고 있다. (el amigo con quien)

D. 기본 문형 4: 선행사가 포함된 문형

1. **Quien** habla mucho sabe poco.
   말이 많은 사람은 아는 것이 적다.
2. **Quienes** no quisieron escribir le dieron recados verbales.
   편지를 쓰고 싶지 않았던 사람들은 그에게 구두(口頭) 메시지를 전했다.
3. **A quien** madruga, Dios le ayuda.
   일찍 일어나는 사람은 신이 돕는다.
4. **El que** lo comprende mejor es Carlos.
   그것을 가장 잘 이해하고 있는 사람은 까를로스이다.
5. **La que** baila muy bien es Ana.
   춤을 잘 추는 여자는 아나이다.

일반적으로 관계사가 '~한 사람(들)'의 의미로 사용되는 경우에는 quien, quienes 등이 쓰이며, 특정인(들)을 지칭할 경우 el que, la que, los que, las que 등도 사용된다.

예제 4

a. 너를 기다리고 있는 사람은 이반이다. (Quien)
b. 성공하기를 원하는 사람은 남들보다 훨씬 더 노력해야 한다. (Quien)

E. 기본 문형 5: lo que, lo cual 문형

1. a. Martina está muy triste, lo que nos preocupa mucho.
   마르띠나는 몹시 슬퍼하는데, 우린 그것이 무척 걱정된다.

   b. María está triste, lo cual me preocupa mucho.
   마리아가 슬퍼하는데, 그것이 나를 아주 걱정스럽게 만든다.

2. No le diré nada de lo que me cuentes.
   네가 나에게 얘기하는 것에 대해서는 아무 것도 말하지 않을게.

3. Lo que me interesa es que ella siempre lleva vestido blanco.
   내게 흥미로운 것은 그녀가 항상 흰 옷을 입고 다닌다는 것이다.

4. En lo que va de año, 3.665 personas han perdido la vida en las carreteras.
   올 한해 지금까지 3,665명의 사람들이 도로에서 사망했다.

설명적 용법(1번)의 구문에서는 lo que와 lo cual이 모두 사용 가능하지만, 제한적 용법일 경우(2, 3번)에는 lo que만이 사용된다는 사실에 유의하자.

예제 5

a. 내가 가장 맘에 안 드는 것은 그들이 나를 따돌린다는 것이다. (lo que/ aislar)

b. 네가 원하는 바를 이루도록 최선을 다해라. (lo que)

E. 기본 문형 6: 관계 형용사

1. Un compañero mío, cuyos dos hijos son universitarios, trabaja mucho para juntar el importe de sus matrículas.
   자식 둘이 모두 대학생인 내 동료는 등록금을 마련하느라 고생하고 있다.
2. El campamento de entrenamiento juvenil cuyo dueño había malversado los fondos públicos se ha cerrado al final.
   주인이 공금을 횡령한 그 청소년 수련 캠프는 결국 폐쇄되었다.
3. La casa cuyas ventanas repararon hace un mes todavía tiene problema.
   한 달 전에 창문들을 수리한 그 집은 아직도 문제가 있다.
4. Le regalaron un huevo de pascua en cuyo interior había un bonito regalo.
   그들은 그에게 안에 예쁜 선물이 들어있는 부활절 달걀을 하나 선물했다.
5. La mujer, de cuyas hijas hablamos, está orgullosa de ellas.
   우리가 얘기하는 그녀의 딸들에 대해 그녀는 자랑스러워하고 있다.
6. Hoy es el cumpleaños del amigo a cuya casa vamos a cenar.
   오늘은 우리가 그의 집으로 저녁 먹으러 갈 친구의 생일이다.

관계형용사인 cuyo(a)는 자신이 수식하는 명사의 성과 수에 일치해야 한다. 관계사 절의 동사 성격에 따라 전치사가 동반되기도 한다.

예제 6

a. 그들은 천장이 무너진 집에서 노인을 한 명 구조했다. (cuyo techo)
b. 그는 식당에서 케이스가 빨간 핸드폰을 하나 주웠다.
(cuyo protector 또는 cuya silicona)

II. 연습문제

A. 주어진 어휘를 이용하여 다음 문장들을 작문하시오.

1. 반짝인다고 모두 다 금은 아니다. [todo lo que]

2. 우리를 즐겁게 하는 것은 주말마다 늦게 일어나는 것이다. [lo que]

3. 전에 산 세제는 좋았는데, 오늘 산 것은 얼룩을 잘 못 뺀다. [el que]

4. 그 신혼부부는 비가 올 때마다 지하실에 물이 차는 집에서 산다. [cuyo]

5. 그 대학은 학생이 5만 명인데, 그들 중 많은 수가 외국인이다. [los cuales]

6. 호르헤가 모임에 가지 못한 이유는 숙제가 많았기 때문이다.

[la razón por la cual]

7. 지난 수업에 오지 않은 사람들은 이 연습문제를 풀지 못할 것이다.

[quienes]

8. 네가 지금까지 이룩한 결과에 만족하지 말고 계속 정진하기 바란다.

[no ~, sino que]

B. 주어진 어휘를 이용하여 다음 문장들을 작문하시오.

1. 웃기는 건 엘레나가 자기에게 일어나는 일에 대해 아무것도 모른다는 것이다. [lo que]

2. 우리 집에는 아무 일 없었지만 바다 가까이 있던 집들은 태풍에 상당한 피해를 입었다. [las que]

3. 정치인들은 많지만 그중 일부만이 진정으로 국가를 위해 일하는데, 그것이 우리를 서글프게 한다. [los cuales/ lo cual]

4. 내 옆에 앉아 있는 남학생은 계속 하품하고 심지어는 한숨도 쉬고 있는데, 나는 그것이 무척 짜증난다. [que, lo que]

* sacar de quicio: 정상에서 벗어나게 하다, 심란하게 만들다, 몹시 화나게 만들다.

5. 엔진이 멈춘 배는 2주 동안 정처 없이 바다를 표류하다 무인도에 닿았다. [cuyo]

6. 내가 소풍에 가지 않았던 이유는 머리가 너무 아팠기 때문이다. 내가 원한 건 따뜻한 걸 마시며 집에서 쉬는 것이었다. [la razón por la cual]

C. 주어진 어휘를 이용하여 다음 문장들을 작문하시오.

1. 그 수업의 학생들은 서로 경쟁이 치열하다. 그렇기 때문에 좋은 성적을 받기를 원하는 사람은 남들보다 몇 배 더 노력해야 한다. [por lo cual/ quien]

2. 내가 스페인에 대해 갖고 있는 이미지는 축제와 태양뿐이었다. 그러나 네가 추천해 준 그 책은 그 나라 역사에 대한 관심을 일깨웠다.
[la imagen que/el libro que]

3. 내가 추천서를 써 준 아니따는 원하던 그 회사에 입사하는 데 성공했다. 그녀와 함께 추천서를 받으러 왔던 아이는 낙방했다.
[a quien/ en la que/ con quien]

4. 지난 목요일 주한 온두라스 대사가 한국과 온두라스의 외교 관계에 대해서 발표한 강연이 계단식 강의실에서 있었다. [una conferencia en la que]

5. 그 작가는 지난 주 소설 한 편을 발표했다. 그 소설이 바로 어제 교수님께서 다음 주까지 읽어오라고 하신 작품이다. [la que]

6. 까를로스는 어렸을 때부터 항상 노아를 행복하게 해줄 것을 찾아 다녔다. 그가 전 세계를 돌아다닌 이유가 바로 그것이었다.
[lo que/ la razón por la cual]

제5과 관계사절 II

I. 문장유형

A. 기본 문형 1: 관계부사

1. La casa **donde** nací ya no existe.
   내가 태어난 집은 이제 더 이상 존재하지 않는다.
2. Estoy de acuerdo con el modo **como** los habías tratado.
   나는 네가 그들을 다루었던 방법에 동의한다.
3. Recordábamos los días **cuando** íbamos juntos a la escuela.
   우리는 우리들이 함께 학교에 다녔던 날들을 기억하곤 했다.
4. Ella compró **cuanto** quería.
   그녀는 자기가 원하는 것을 다 샀다.
5. **Todo cuanto** decía ella le parecía fantástico a él.
   그녀가 말하는 모든 것이 그에게는 환상적으로 보였다.

관계부사 문형은 선행사가 형용사절에서 부사(구) 역할을 하는 경우에 사용되는 형태로 선행사가 '장소'의 의미이면 donde, '시간'이면 cuando, '방법'이면 como가 사용된다. 관계부사는 문맥에 따라 전치사를 동반한 관계대명사로 바꾸어 쓸 수 있다. 1번의 경우에는 en la que로, 2번의 경우에는 del que로, 3번의 경우에는 en los que로 바꾸어 쓸 수 있다.

5번에서, cuanto 앞에 todo를 넣어 강조하기도 하며, todo lo que로 바꾸어 쓸 수 있다.

Ella compró **cuanto** quería.
→ Ella compró **todo cuanto** quería.
→ Ella compró **todo lo que** quería.
그녀는 자기가 원하는 것을 다 샀다.

예제 1

a. 나는 우리가 헤어진 그 날을 기억한다. (el día cuando)
b. 지금부터 내가 너에게 얘기하는 모든 것은 다 진실이다. (todo cuanto)

B. 기본 문형 2: 강조 구문

1. a. **Quien** está cantando es Lidia.
   노래를 부르고 있는 사람은 리디아다.

   b. Es Lidia **quien** está cantando.
   노래를 부르고 있는 사람은 바로 리디아다.

2. a. **Lo que** visitaron ellos es este museo.
   그들이 방문했던 곳은 이 미술관이다.

   b. Es este museo **lo que** visitaron ellos.
   그들이 방문했던 곳은 바로 이 미술관이다.

3. a. **A quien** vimos es a Lorena.
   우리가 보았던 사람은 로레나다.

   b. Es a Lorena **a quien** vimos.
   우리가 보았던 사람은 바로 로레나이다.

4. a. De la que estoy enamorado es de Ana.
내가 사랑에 빠진 사람은 아나이다.

b. Es de Ana de la que estoy enamorado.
내가 사랑에 빠진 사람은 바로 아나이다.

- 강조 구문은 문장 중에서 어휘(구)를 강조하기 위해서 사용되는 문형으로 'ser+강조어+관계사절' 또는 '관계사절+ser+강조어'의 어순을 취한다. 강조어의 특성에 따라 관계사 사용이 결정된다는 사실에 유의하자.

- 3번과 4번 구문에서, ser동사 뒤에도 문맥에 맞는 전치사가 쓰여야 한다. 이는 일반구문이든 강조구문이든 마찬가지이다. 먼저, 3번의 경우, A quien에서 a는 quien이 vimos의 목적어이기 때문에 쓰인 것이고 es a Lorena에서 a는 '(우리가) Lorena를 (본 것)'이므로 격표시자로 쓰인 것이다. 즉, Lorena는 보어가 아니라 목적어로 기능하고 있는 것이다. '우리가 본 사람은 로레나이다'를 그대로 옮기면 La que vimos es Lorena.가 될 것 같지만, 이는 비문이다. 우선 La que는 주격(3인칭단수)이므로 vimos(1인칭복수)와 상응하지 못한다. vimos는 직접목적어를 필요로 하는 동사이므로 la que는 목적격이 되어야 하고, 따라서 당연히 격표시자인 a를 동반해서 A la que vimos가 되어야 한다. Es a Lorena에서 a는 Vimos a Lorena.에서 나온 것이므로 위 구문에서는 반드시 출현해야 한다. a가 쓰이지 않는 경우, Lorena는 주어나 보어가 될 수 있다. 주어라면 A la que vimos가 보어 역할을 해야 하는데, 문법적으로 맞지 않는다. 보어라고 봐도 마찬가지로 비문이다. A la que vimos가 주어가 될 수는 없기 때문이다. 따라서 위와 같은 구문에서는 ser동사 뒤에 출현하는 어구 앞에도 전치사를 써야 하는 것이다.

4번의 경우에도 마찬가지이다. De la que에서 de는 estoy enamorado de 구문에서 나온 것이므로 관계대명사 앞에 놓인 것이다. es de Ana에서 쓰인 de는 Estoy enamorado de Ana.에서 나온 것이다. 따라서 이 구문에서 Ana 역시 보어가 아니라 전치사 de의 목적어로 기능하고 있는 것이므로 전치사 de가 쓰여야 하는 것이다. 강조구문은 일반구문에서 어순만 바꾸어 의미를 강조한 것이므로 구문의 구성요소에는 변함이 없다. 따라서, 강조구문에서도 이처럼 전치사를 써야 하는 것이다.

예제 2

a. 네가 급히 이야기를 나누어야 하는 사람은 바로 루나이다. (con la que)
b. 미겔 데 우나무노가 산책을 하던 곳은 바로 이 거리이다. (por donde)

C. 기본 문형 3: 접속법 관용 표현

1. Digas lo que digas, no te creerán.
   네가 무슨 말을 하든지 간에 그들은 너를 믿지 않을 것이다.
2. Sea quien sea, no abras la puerta.
   누구든 문을 열어주지 마라.
3. Saliera a la hora que saliera, ella siempre regresaba a casa muy tarde.
   그녀는 몇 시에 나가든지 간에 항상 집에 늦게 들어왔다.
4. Beba cuanto beba de cerveza, Pedro siempre se emborracha.
   맥주를 얼만큼 마시든지 간에 뻬드로는 항상 취한다.
5. Dijera lo que dijera siempre metía la pata.
   무슨 말을 하든지 그는 항상 실수했다.

양보절의 의미를 갖는 관계사 문형으로 관계사를 중심으로 같은 형태의 접속법 동사가 반복 사용되는 문형이다.

예제 3

a. 마누엘이 무슨 말을 하든지 간에 나는 관심이 없다. (diga lo que diga)
b. 선생님이 무엇을 가르치든 간에 학생들은 늘 불평을 해댔다. (enseñara lo que enseñara)

D. 기본 문형 4: 감탄 구문: 'lo+형용사(부사)+que+동사'

1. Me sorprende lo mucho que sabe Diana.
   나는 디아나가 너무 많은 것을 안다는 것이 놀랍다.
2. Me preocupó lo poco que trabajó Natalia la semana pasada.
   나는 지난 주에 나딸리아가 일을 너무 조금해서 걱정스러웠다.
3. Me asusta lo lentamente que habla Celia.
   나는 셀리아가 너무 천천히 말하는 게 놀랍다.
4. Es increíble lo corta que es esta lección.
   이 과(科)가 너무 짧은 게 믿을 수가 없다.
5. Me molestó lo muy tranquilamente que estaba sentada María.
   마리아가 너무 조용히 앉아 있어서 나는 불편했다.

관계대명사를 이용한 감탄문 형식으로 'lo+Adj.(Adv.)+que+V+S' 구문이 주어 역할을 하는 유형이다. 이 문형은 의문사를 이용한 형태의 감탄문으로 바꾸어 쓸 수 있다.

Me sorprende cuánto sabe Diana.
나는 디아나가 얼마나 많이 아는지 놀랍다.

Me asusta **cuán lentamente habla Celia**.
나는 셀리아가 얼마나 천천히 말하는지 놀랍다.

- 감탄문에서 cuánto(a)는 양 또는 수를 표현하며 명사를 수식하거나 단독으로 쓰인다.

¡**Cuánto** tiempo hace que no te veo!
너를 못 본 지가 무척 오래되었구나!

¡**Cuántos** habrá que no se han enterado!
그걸 알아채지 못한 사람들이 얼마나 많을지!

¡**Cuánto** te quiero!
내가 너를 얼마나 사랑하는지!

No sabes **cuánto** lo lamento!
너는 내가 그것을 얼마나 안쓰럽게 생각하는지 모를 거야!

cuán은 cuánto의 어미 탈락형으로, 형용사나 부사를 수식하는 위치에서 사용된다.

¡**Cuán** listo es este niño!
이 아이는 참 똑똑하구나!

¡**Cuán** cerca está tu casa de aquí!
너의 집은 여기서 참 가깝구나!

No sabes **cuán** difícil me resultó el examen.
너는 그 시험이 내게 얼마나 어려웠는지 모를 거야.

오늘날에는 qué를 주로 사용한다.

¡**Qué** guapa estás!
너는 참 예쁘구나!

¡Qué bien jugaste, mamá!
엄마, 경기 참 잘했어요!

예제 4

a. 인간의 삶이 이렇게 짧고 덧없다는 게 믿을 수가 없다. (lo corta que)
b. 페르난도가 창백한 게 나는 너무 걱정이 되었다. (lo pálido que)

E. 기본 문형 5: 복합관계사 관계구문

1. Cualquiera que diga ella parece mentira.
   그녀가 무슨 말을 하든지 간에, 다 거짓말 같다.
2. A quienquiera que me busque, dile que no estoy.
   나를 찾는 사람이 누구든지 간에, 그에게 내가 없다고 말해라.
3. A dondequiera que vayas, siempre me acordaré de ti.
   네가 어디를 가든지 간에, 항상 너를 기억할 것이다.
4. En dondequiera que estuvieras, siempre me acordaba de ti.
   네가 어디에 있었든지 간에, 항상 너를 기억하고 있었다.
5. Comoquiera que te vistas, siempre te ves bien arreglado.
   너는 어떻게 입든지 간에 무척 단정해 보여.

이 유형의 구문은 습관적으로 접속법 동사를 요구한다.

예제 5

a. 네가 어디에 있든지 간에, 늘 건강하고 자주 연락해라. (dondequiera que)
b. 떼레사는 후안이 무엇을 선물하든지 간에 고마워했다. (cualquiera que)

F. 기본 문형 6: 부정사 관계구문

1. ¿Tiene usted **algo que declarar**?
   신고할 것이 있습니까?

2. ¿No tienes **nada que decirme**?
   너는 나에게 뭐 할 말 없니?

3. Estoy buscando a alguien **con quien hacer** un intercambio de idiomas.
   나는 서로의 언어를 배울 사람을 찾고 있다.

4. No tengo **nada que poner**me.
   나는 입을 것이 하나도 없다.

5. Siempre **hay algo que celebrar**.
   항상 무언가 축하할 일이 있다.

관계절에 동사원형이 쓰이는 문형으로, 선행사는 비특정적 의미를 갖는 명사 또는 대명사이며 관계절 동사 또는 전치사의 목적어 역할을 한다. 즉 선행사가 명시적인 의미를 갖고 있거나 관계절 동사의 주어 역할을 할 때는 이 유형의 구문을 쓸 수 없다는 뜻이다.

예제 6

a. 뭐 마실 거 좀 있니? (algo que beber)
b. 그를 멈추게 할 만한 것이 아무 것도 없다. (con que pararle)

II. 연습문제

A. 주어진 어휘를 이용하여 다음 문장들을 작문하시오.

1. 네가 원하는 건 모두 다 사줄게. [todo cuanto]

2. 그가 그녀를 처음 만난 곳은 바로 이 카페이다. [en donde]

3. 너희들이 그 때 급히 의논드려야 했던 사람은 바로 그 교수님이셨다. [al que]

4. 근처에 맛있는 추러스 파는 전문점 아는 사람 있어? [donde]

5. 내가 그날 밤 같이 외출했던 여자는 발렌띠나가 아니라 나디아였다. [con la que]

6. 아델라는 전에는 사피로가 무슨 짓을 하든지 간에 다 맘에 들었으나, 지금은 그가 하는 짓이 다 마음에 안 든다. [hiciera lo que hiciera/ todo cuanto]

7. 모든 것이 불가능해 보였던 그 순간들을 기억해라. [cuando]

8. 흔히 잃을 게 없으면 무서운 게 없다고 말한다. [nada que perder]

B. 주어진 어휘를 이용하여 다음 문장들을 작문하시오.

1. 야, 배고프다. 먹을 것 좀 없냐? 먼저 뭐 좀 먹고 하자. [nada que comer]

2. 나는 살바도르와 사브리나가 어찌나 조용히 앉아 있는지 불편했다. [lo muy tranquilamente que]

3. 경찰서를 탈출한 사람은 바로 그 살인 용의자였다. 그가 도망친 곳은 이 창문을 통해서였다. [quien/ por donde]

4. 누가 내게 그것을 말하든지 간에 아무도 내 생각을 바꾸지 못할 것이다. 내가 뭘 하든지 네가 무슨 상관이야?
[me lo diga quien me lo diga/ haga lo que haga yo]

5. 그녀는 무척 부지런하다. 몇 시간이 걸리더라도 숙제는 꼭하고 잔다.
[tarden las horas que tarden]

6. 너희들이 어느 나라로 어학연수를 가는 지는 중요하지 않다. 어디에 있든지 간에 열심히만 하면 좋은 결과를 얻을 수 있을 것이다.
[estéis donde estéis]

C. 주어진 어휘를 이용하여 다음 문장들을 작문하시오.

1. 요즘 연기자들은, 출신지가 어디이든지 간에, 여러 사투리를 잘 구사해야 크게 성공할 수 있다. [sea cual sea]

2. 수업이 몇 시에 끝나든 우리는 항상 먹을 게 있는 까밀라의 방에 갔다. [terminara a la hora que terminara la clase]

3. 목표가 무엇이든지 간에, 진실로 바라고 노력하면 졸업할 때에는 지금보다 훨씬 더 나은 자신을 발견하게 될 것이다. [sea cual sea la meta]

4. A: 너와 얘기를 하고 싶어. 시간 좀 내줘.

   B: 됐어. 난 이제 너와 아무 관계없어. [nada que ver]

5. 내가 슈퍼에서 멕시코 사람을 한 명 만났는데, 하도 한국말을 잘해서 놀랐다.

[lo fluidamente que]

6. A: 내가 무슨 말을 하든지 간에 비앙까는 계속 나에게 화가 나 있어.

[le diga lo que le diga yo]

B: 그게 정상이지. 네가 그 입장이 되어 봐라. 무슨 변명을 하든지 간에 절대 너를 믿지 않을 거야.

[cualquier excusa que]

제6과 비교급과 최상급

I. 문장유형

A. 기본 문형 1: 동등 비교

1. Los perros son **tan** inteligentes **como** los monos.
   개는 원숭이만큼이나 영리하다.
2. No tengo **tanta** paciencia **como** él.
   나는 그만큼 인내심이 많지 않다.
3. Su negocio no va **tan** bien **como** parece.
   그의 사업은 보이는 것만큼 잘 되지 않는다.
4. Lo deseo **tanto como** tú.
   나도 너만큼이나 그것을 바란다.
5. Rubén tiene **el mismo** carácter **que** su abuelo.
   루벤은 자기 할아버지와 성격이 똑같다.

- 기본 문형으로 'tan(tanto)+명사, 형용사, 부사+como' 혹은 'el(la) + mismo(a)+명사+que'가 사용된 문장이다.

- mismo~que, (ṣer, dar) igual~que 등도 동등 비교의 의미를 나타내는 데 쓰인다.

Es igual que le llames por teléfono que le mandes un e-mail.
(= Da igual que ~ que)
네가 그에게 전화를 걸든지 메일을 보내든지 마찬가지이다.

예제 1

a. 모든 원숭이가 돌고래만큼 영리한 것은 아니다. (tan ~ como)
b. 너는 왜 또마스만큼 참을성이 없니? (tanta ~ como)

B. 기본 문형 2: 우등, 열등 비교

1. a. Los guantes son **más** caros **que** el gorro.
   장갑은 모자보다 비싸다.

   b. En el autobús hay **más** pasajeros **que** asientos.
   버스에는 좌석보다 승객이 많다.

   c. Mi marido siempre habla **más que** yo.
   내 남편은 언제나 나보다 말을 더 많이 한다.

2. a. El jardín de mi casa es **menos** amplio **que** el de la suya.
   우리 집 정원은 그의 집 정원보다 덜 넓다.

   b. En el autobús hay **menos** pasajeros **que** asientos.
   버스에는 좌석보다 승객이 적다.

   c. Un frigorífico cuesta **menos que** un coche.
   냉장고 하나 값이 차 한 대 값보다 적게 든다.

3. a. Tu reputación es mejor que la suya. (↔ peor que)

너의 평판은 그보다 좋다.

b. Ese presentador es mayor de edad que yo. (↔ menor~ que)

그 사회자는 나보다 더 나이가 들었다.

4. No tengo más pantalones que ese chico.

나는 그 아이보다 더 많은 바지를 가지고 있지 않다.

기본 문형으로 'más/mens+N/Adj./Adv.+que'가 사용된다.

예제2

a. 알레한드로는 자기 아빠보다 키가 크다. (más ~ que)

b. 마누엘은 어젯밤보다 기침이 덜 심하다. (menos ~ que)

C. 기본 문형 3: 기타 비교1

1. Cuanto más, mejor.

다다익선(多多益善)

2. Cuanto más esperas, más te decepcionas.

기대가 크면 클수록 실망도 크다.

3. Nada es como el paraguas cuando llueve.

비올 때 우산만한 것은 없다.

4. Mientras menos rápido más seguro.

덜 빠를수록 더 안전하다.

5. Es **igual que** vengas tú que venga tu hermano.
네 형이 오든지 네가 오든지 똑같다.

Cuanto más~, tanto más~ 문형의 경우, 발화의 내용이 익히 알려진 경우면 종속절에서 직설법이 쓰이고 '미래'의 일을 가리킬 때에는 접속법이 쓰인다. tanto는 생략되기도 한다.

Cuanto más especializado **estés**, el servicio **será** mejor.
네가 전문화되면 될수록, 서비스는 더 나아질 것이다.

Cuanto menos **hable**, **será** mejor.
말을 적게 하면 할수록 더 좋을 것이다.

Cuanto menos **hablara, sería** mejor.
말을 적게 하면 할수록 더 좋을 텐데.

Cuanto menos **hubiera hablado, habría sido** mejor.
말을 적게 하면 할수록 더 좋았을 텐데.

예제 3

a. 사람들은 많이 가지면 가질수록 더 원한다. (cuanto más ~, más ~)
b. 추울 땐 뜨끈한 국물만한 것이 없다. (nada es como)

D. 기본문형 4: 기타 비교2

1. Dile que no hable **más de** lo necesario.
   그에게 필요 이상으로 말하지 말라고 해라.

2. En mi cuenta queda **menos de** diez mil wones.
   내 통장에는 만원도 남아 있지 않다.

3. Ahora no llevo **más de** dos euros en el bolsillo.
   나는 지금 호주머니에 2유로밖에 없다.

4. **No** comemos **más de** lo que necesitamos.
   우리는 우리가 필요로 하는 것 이상은 먹지 않는다

5. Mi abuela espera **más de lo que** mi madre puede.
   (↔ menos de lo que)
   우리 할머니는 엄마가 할 수 있는 것 이상을 바란다.

‘más de (menos de)+명사’의 표현이 사용된 문형이다. ‘-것 이상 (또는 이하)’라는 의미이다.

Es **más** caro **de lo que** pensaba.
생각했던 것보다 더 비싸다.

No es **peor de lo que** dicen.
사람들이 얘기하는 것보다 더 나쁘지는 않다.

La situación económica del interior está mucho **peor de lo que** dicen los diarios.
국내의 경제사정은 신문에서 말하는 것보다 훨씬 더 나쁘다.

예제 4

a. 필요 이상으로 먹지 마라. (más de)
b. 호주머니에 10유로 이상 가지고 다니지 마라. (más de)

E. 기본 문형 5: 유사 비교

1. La situación económica se hace cada día más crítica.
   경제상황은 날이 갈수록 더 심각해지고 있다.
2. Los bolsos de esta marca son superiores a los de otras marcas.
   이 브랜드의 핸드백들은 다른 브랜드에 비해 월등하다.
3. Le llevo 3 años a mi hermano pequeño.
   나는 내 남동생과 세 살 차이가 난다.
4. Te comprendo cada vez menos.
   나는 점점 더 너를 이해할 수가 없다.
5. Las pérdidas pasan de dos millones de euros.
   손실은 200만 유로를 상회한다.

superior, inferior, anterior, posterior, exterior, interior 등은 그 자체로 비교급이므로 más나 menos는 붙이지 않는다. 비교의 대상 앞에 전치사 a가 쓰인다.

Su puntuación es inferior a la mía. 그의 점수는 내 것보다 낮다.

참고로 동사 preferir도 비교의 대상 앞에 전치사 a를 요구한다.

Ella prefiere el vino a la cerveza.
그녀는 맥주보다 포도주를 더 좋아한다.

예제 5

a. 정세가 나날이 복잡해진다. (cada día más)
b. 한국의 IT 기술은 다른 나라에 비해 월등하다. (superior a)

F. 기본 문형 6: 최상급

1. Antonio es el más trabajador de la escuela.
   안또니오는 학교에서 가장 근면한 사람이다.
2. Es el incidente más tremendo de los que hemos experimentado.
   우리가 경험한 것 중에 가장 끔찍한 사건이다.
3. Lo más sorprendente es que Juan mismo preparó la cena para los invitados.
   가장 놀라운 것은 후안이 손님들을 위해 직접 저녁을 준비했다는 것이다.
4. Es la cosa más graciosa que yo he visto.
   내가 본 것 중에 가장 웃기는 일이다.
5. Él es mejor que cualquiera de sus hermanos.
   그는 형제들 중 그 누구보다도 낫다.

최상급 표현은 '정관사+(N)+más(menos)+Adj.+de'의 문형으로 나타낸다. 'lo+más(menos)+Adj.' 문형도 사용된다.

예제 6

a. 너희들은 어째서 그것이 최고의 해법이라고 생각하니?
(la mejor solución)
b. 가능한 한 빨리 와라, 그래야만 너희들은 셔틀버스를 탈 수 있을 거야.
(lo más pronto posible/ el autobús de enlace)

II. 연습문제

A. 주어진 어휘를 이용하여 다음 문장들을 작문하시오.

1. 먹으면 먹을수록 더 배가 고프다. [cuanto más~, más~]

2. 필요 이상으로 운동하지 마라. [más de]

3. 아침보다 밤에 바람이 더 상쾌하다. [más~que]

4. 지금처럼 더울 땐 가스빠쵸 만한 게 없다. [nada es como]

5. 내가 까를로따와 몸무게가 같다니 믿을 수가 없다. [mismo~que]

6. 그때까지는 내 상사가 나보다 나이가 적다는 걸 몰랐다. [menor~que]

7. 최상의 해법은 그것을 있는 그대로 내버려두는 것이다. [la mejor solución]

8. 어떻게 가죽장갑이 고무장갑보다 더 싼지 이해할 수가 없다. [más~que]

B. 주어진 어휘를 이용하여 다음 문장들을 작문하시오.

1. 너는 자면 잘수록 더 졸리기 때문에 일정을 조절할 필요가 있다.
[cuanto más~, más~]

2. 어떻게 우르바노는 이틀 만에 한 달 월급의 절반 이상을 써버렸니!
[más de]

3. 어머니는 아들이 점점 더 게을러져 걱정이다. 아들의 스페인어 실력은 점점 더 나빠지고 있다. [cada vez más/ cada vez peor]

4. 난 그 가수가 60세가 넘었다고 확신한다. 그러나 목소리 때문에 나이보다 훨씬 더 젊어 보인다. [más de/ más]

5. 오늘 가든지 내일 가든지 별반 다르지 않다. 그러니 차라리 오늘 푹 쉬고 내일 가는 것이 더 낫다. [es igual que/ por lo tanto/ mejor]

6. 배우의 일상생활은 보이는 것만큼 멋지지는 않다. 오히려 일반인들의 생활보다 훨씬 덜 즐겁고 훨씬 더 제약이 많다.
[tan~como/ más bien/ menos/ más~que]

C. 주어진 어휘를 이용하여 다음 문장들을 작문하시오.

1. 병에 물이 1리터 이상 남았다는 걸 왜 내게 말하지 않았니? 알았더라면 너만큼 마셨을 텐데. [más de/ tanto como]

2. 우리나라에서는 햄버거 하나가 담배 한 갑보다 비싸다. 그렇지만 한국의 햄버거 하나 값은 너희 나라 햄버거 하나 값보다는 싸다.
   [más~que/ más~que]

3. 제일 놀라운 것은 그 거지가10년 전에 복권에 당첨되었다는 것이다. 그러나 지금 그의 주머니에는 1유로도 남아있지 않다. [lo más/ menos de]

4. 그 학생 개인의 역량이 다른 학생들에 비해 월등하다는 점을 고려해주십시오. 다른 학생들과 같은 점수를 받는다는 건 불공평합니다.
   [superior a/ mismo~que]

5. 사람은 가진 게 많을수록 더 행복해지는 것은 아닌 것 같다. 아마존 원주민들은 우리보다 가진 게 적지만 우리보다 더 행복하다고 한다.

[cuanto más~, más~/ menos que/ más~que]

6. 스페인어를 더 공부하면 할수록 너는 더 스페인어가 좋아질 것이다. 그러니 너는 스페인어에 좀 더 시간을 투자하는 것이 좋을 것이다.

[cuanto más~, más~/ entonces/ mejor que/ más tiempo]

제7과 장소 및 양태 부사절

I. 장소 부사절

주절 동사의 의미가 실현되는 장소를 나타내는 종속절이다. 접속사 donde가 주로 사용되며, 문맥에 따라 en, a, por, hacia, de, desde, hasta 등의 전치사가 선행되기도 한다.

A. 기본 문형

1. He vendido el reloj **donde** lo compré.
   나는 시계를 산 곳에다 팔았다.
2. A: ¿Adónde vamos? 우리 어디 갈까?
   B: **Adonde** quieras. 네가 원하는 곳으로.
3. Te echaré de menos **dondequiera** que estés.
   네가 어디 있든지 간에 나는 너를 그리워할 것이다.

관계부사 donde 앞에 전치사 a가 오는 경우에는 붙여 쓰는 것이 일반적인 경향이다. RAE에서 그렇게 권하고 있으며 DRAE에도 adonde가 별도의 표제어로 등록되어 있다. 그러나, 얼마 전까지만 해도 '선행사를 포함하고 있거나 명시적으로 제시되어 있지 않은 경우'에는 a donde로 떼어서 썼고 '선행사가 명시적인 경우'에는 adonde로 붙여서 썼다. 과거에는 다른 전치사들과 마찬가지로 떼어 썼었는데, 점차 붙여 쓰는 경향이 강하게 작용한 결과이다. 그러나 지금은 모두 붙여 쓰는 것이 일반적이다. (그러나 반대로, a donde로 떼어 쓴다고 해서 반드시 틀렸다고 할 수는 없다. 아직도 과거의 경향을 따르는 사람들이 있기 때문이다).

La casa adonde te llevo está cerca. 너를 데려가는 집은 가까이에 있다.

Iré a donde tú vayas. 나는 네가 가고자 하는 곳으로 갈 것이다.

Iré adonde tú vayas.

다른 전치사들은 떼어서 쓴다.

Esta es una lista de las calles por donde pasará el desfile.
이것이 행렬이 지나갈 거리 목록이다.

Camina hasta donde te indiqué.
내가 네게 알려준 데까지 걸어가라.

En Málaga, hay un puerto desde donde puedes ver el hermoso mar.
말라가에는 항구가 하나 있는데, 너는 거기에서 아름다운 바다를 볼 수 있어.

- 의문부사 dónde도 전치사 a와는 붙여 쓰지만, 다른 전치사들과는 떼어서 쓴다.

¿Adónde me llevas? 나를 어디로 데려가는 거니?

¿Por dónde se va a la Catedral? 대성당은 어디로 해서 갑니까?

¿En dónde vive ella? 그녀는 어디 삽니까?

- 2번에서 접속법(quieras)이 사용된 것은 '어디로 갈지 아직 정해지지 않았기' 때문이다.

A: ¿Qué comemos? 우리 뭐 먹을까?
B: Lo que quieras. 네가 원하는 걸로.

A: ¿Otra cervecita? 맥주 한잔 더?
B: Sí, como quieras. 네가 원하는 대로.

A: ¿Te apetece ir a cenar fuera? 저녁 나가서 먹을까?
B: Como quieras. 맘대로 해.

- 3번 문형에서 dondequiera 구문은 '가정'의 의미가 포함되었으므로 접속법이 사용된 것이다.

A: ¿Dónde lo compras? 어디서 살래?
B: Dondequiera. 아무데서나.

Los Servicios de Inteligencia te encontrarán dondequiera que estés.
정보부는 네가 어디에 있든지 찾아낼 것이다.

Adondequiera que tú vayas iré yo.
네가 어디를 가든지 간에 나도 갈 거야.

예제

a. 원하시는 곳에 앉으십시오. (donde)
b. 네가 말하는 곳으로 갈게. (adonde)
c. 우리는 어딜 가든 행복할 것이다. (dondequiera que)

II. 양태 부사절

주절 동사의 의미가 실현되는 방법이나 양상을 나타내는 종속절이다. 접속사 como, como si; sin que; según, conforme a que; igual que, del mismo modo que 등이 주로 사용된다.

A. 기본 문형 1

1. a. Lo haré **como** me mandas.
   나는 네가 (지금) 시키는 대로 하겠다.

   b. Lo haré **como** me mandes.
   나는 네가 (무엇을 시키든) 시키는 대로 하겠다.

2. a. Me siento **como si** tuviera unos treinta años.
   나는 마치 내가 서른 살 쯤 된 것처럼 느낀다.

   b. Me siento **como si** hubiera tenido unos treinta años.
   나는 마치 내가 서른 살 쯤 되었었던 것처럼 느낀다.

   c. Me sentía **como si** tuviera unos treinta años.
   나는 마치 내가 서른 살 쯤 된 것처럼 느꼈다.

   d. Me sentía **como si** hubiera tenido unos treinta años.
   나는 마치 내가 서른 살 쯤 되었었던 것처럼 느꼈다.

3. Se marchó **sin que** nadie pudiera darse cuenta.
   그는 아무도 알아채지 못한 채 떠났다.

como의 용법

[관계부사]

선행사에 해당하는 el modo, la manera, tal 등을 쓰기도 하고 생략하기도 한다.

1. Me encantaba la manera como sonreía. 미소 짓는 방식이 나를 매혹시켰다.
   Lo hice tal como me dijiste. 나는 네가 내게 말했던 방식대로 그것을 했다.

2. Hazlo como quieras. 네가 원하는 대로 해라.
   Lo hizo como su maestra. 그는 자기 선생님이 한 것처럼 그것을 했다.

[접속사]

1. Como recibí el aviso tarde, no podía llegar a tiempo.
   나는 통지를 늦게 받아서, 제 시간에 도착할 수 없었다.

2. Como pueda, vendrá. 할 수만 있다면(=최대한), 올 것이다.

3. Como dice el dicho, nada hay oculto bajo el sol.
   격언이 말하는 것처럼, 해 아래에서는 아무 것도 숨길 수 없다.

4. Siguió como si nada hubiera ocurrido.
   그는 마치 아무 일도 일어나지 않은 것처럼 계속했다.

5. Eran tan simpáticos como inteligentes. 그들은 똑똑한 것만큼 상냥하다.
   Ella tenía tantas ganas como él. 그녀는 그만큼 큰 야망을 갖고 있었다.

6. Detuvieron tanto a los culpables como a los sospechosos.
   그들은 범죄자들뿐만 아니라 용의자들도 체포했다.

[부사]

1. Visitaremos museos famosos, como el Prado.
   우리는 프라도처럼 유명한 미술관들을 방문할 것이다.

2. Tardó como una hora. 그는 대략 1시간 정도 늦었다.

3. No la vi bien, pero estaba como cansada.
   나는 그녀를 잘 보진 못했지만, 약간 피곤해 있었다.

[전치사]

1. Asistió a la boda como testigo
   그는 결혼식에 증인으로서 참석했다. (=무관사 명사와 함께 en calidad de)

예제 1

a. 네가 다른 이를 대하듯, 그들도 너를 대할 것이다. (como)
b. 학생들은 마치 아무 일도 없었다는 듯이 다시 교실로 돌아왔다. (como si)
c. 나는 그녀가 어떻게 가족들도 눈치 채지 못하게 그런 짓을 했는지 납득이 가지 않는다. (sin que)

B. 기본 문형 2

1. Hazlo **según** te dice Vicente.
   너는 비센떼가 시키는 대로 해라.
2. **Conforme a** lo que solicitó, adjunto mi curriculum vitae.
   요청하신 바에 따라 제 이력서를 첨부합니다.
3. Reparé el ordenador **del mismo modo que** me dijiste.
   나는 네가 말한 것과 같은 방식으로 컴퓨터를 수리했다.
4. Lo hicistéis **tal y como** mis compañeros me dijeron.
   너희들은 내 동료들이 내게 말한 것처럼 했다.
5. Construiré la casa **igual que** me dijiste.
   네가 나에게 말했던 것과 똑같이 집을 건설할 것이다.

› según과 conforme a는 동의어로 쓰인다.

La tarifa varía **según** el peso del paquete.
  짐 무게에 따라 가격이 달라진다.

Según llegan los aviones, bajan las maletas.
  비행기들이 도착하는 대로 짐들이 하역된다.

Conforme a lo que me indicó el médico, debo hacer reposo por dos días.
  의사가 내게 지적한 바에 따르면, 나는 이틀 간 쉬어야만 해.

conforme는 단독으로 또는 con와 함께 쓰여 '동의하다, 찬성하다'라는 의미를 갖는다.

Si todos estamos conformes, podemos empezar a trabajar cuanto antes.
우리 모두가 동의한다면, 우리는 가능한 한 빨리 일을 시작할 수 있다.

A: ¿Te parece bien entonces? 그럼 이제 좋아 보이니?
B: Sí, conforme. 응, 동의해.

conforme con은 '-만족하다'라는 의미로 쓰인다.

Estamos conformes con el plan. 우리는 계획에 만족합니다.

No pareces muy conforme con las condiciones del contrato.
너는 계약 조건에 매우 만족하는 것 같지 않다.

- igual que도 '-와 똑같이'라는 의미로 사용된다.

He suspendido el examen igual que tú.
나도 너처럼 낙제했어.

예제 2

a. 그가 말한 대로, 우리는 새로운 투자 계획을 세울 것이다. (según)
b. 그 나라는 10년 전과 똑같다. (igual que)

III. 연습문제

A. 주어진 어휘나 표현을 이용하여 다음 문장들을 작문하시오.

1. 네가 원하는 곳으로 떠나거라. [marcharse/ adonde/ querer]

2. A: 우리 뭐 먹을까?

   B: 네가 원하는 대로. [comer/ lo que/ querer]

3. 그들은 상관이 명령한 대로 했을 뿐이다. [hacer/ según/ mandar]

4. 네가 가고 싶은 데 아무 데로나 가자. 기분 전환 좀 하고 싶다.

   [ir/ adonde/ querer/ cambiar de aires]

5. 미안합니다. 이 결정은 규정에 의거한 것입니다.

   [sentir/ la decisión/ conforme a]

6. 그녀도 나와 똑같이 명품 쇼핑을 좋아한다.

[gustar/ hacer compras/ la marca lujosa/ igual que]

7. 레오노르는 시험에서 교수님 몰래 컨닝을 했으나 한 친구에게 들켰다.

[sacar la chuleta/ sin que/ ver/ el profesor]

8. 총장님이 발표한 바에 따르면, 내년에 새 도서관이 건설될 예정이다.

[según/ informar/ el rector/ la biblioteca/ construir]

B. 주어진 어휘나 표현을 이용하여 다음 문장들을 작문하시오.

1. 지각한 사람들은 교수님이 눈치 채지 못하게 조용히 자기 자리에 앉았다.

[sentarse/ sin que/ darse cuenta]

2. 그는 마치 아르헨띠나에서 오래 살았었던 것처럼 말하고 있다.

[como si/ vivir mucho tiempo]

3. 또마스가 장황하게 말하자, 떼레사는 마치 화가 난 듯이 인상을 찌푸렸다.

[enrollarse/ fruncir el ceño/ como si/ estar enfadado]

4. 너희들이 최선이라고 생각하는 방식으로 해라. 나는 너희들이 시키는 그대로 하겠다. [del modo que/ parecer/ según/ mandar]

5. A: 어디로 해서 갈까?

B: 네가 원하는 데로 해서 가. 어디로 해서 가든지 이 시간엔 어디에나 다 차가 많을 거야.

[por donde/ por dondequiera que/ mucho tráfico]

6. 허리케인이 휩쓸고 지나간 마을들에는 폐허만이 남았다. El País가 보도한 바에 따르면 천 명 이상이 죽거나 다쳤다고 한다.

[por donde/ arrasar/ el huracán/ la ruina/ según/ más de/ morir/ sufrir daños]

C. 주어진 어휘나 표현을 이용하여 다음 문장들을 작문하시오.

1. 레오넬은 벨라스꼬가 중국에서 한 것과 동일한 방식으로 멕시코 시장을 개척하려고 했으나 좋은 결과를 얻지는 못했다.
   [del mismo modo que/ explotar el mercado/ tener éxito]

2. 남들과 같은 방식으로 대충 책을 읽으면 좋은 점수는 받지 못할 것이다.
   [muy por encima/ del mismo modo que/ sacar notas]

3. 모나리자는 보는 각도에 따라 표정이 변한다고 한다. 이제 A 그룹이 있던 저 자리로 가서 보자. [variar/ las expresiones/ según/ el ángulo]

4. 나는 전화도 TV도 없는 곳에서 살고 싶다. 그런 곳이 존재한다면, 그곳으로 당장 떠나겠다. [en donde/ si/ ahora mismo]

5. 그들은 마치 원시시대 사람처럼 밀림에서 사냥하고 나뭇잎으로 엮은 오두막에서 잤다. [como si/ la choza/ hombres primitivos]

6. 너의 도착 시간에 맞춰 파티를 시작하려고 했었다. 하지만 너는 이번에도 전처럼 우리를 바람 맞혔다. [conforme (a)/ dar plantón/ igual que]

제8과 시간 부사절

시간 부사절은 주절의 행위에 시간 표현을 첨가하기 위해 사용된다. 문맥에 따라 cuando; antes de que, después de que; mientras, tan pronto como 등이 주로 쓰인다.

I. 문장 유형

A. 기본 문형 1

1. a. Era de noche **cuando** regresamos.
   우리가 돌아왔을 때는 밤이었다.

   b. **Cuando** regresemos ya será de noche.
   우리가 돌아올 때면 이미 밤일 것이다.

2. **Cuando** llegué a casa, estaba lloviendo.
   내가 집에 도착했을 때 비가 내리고 있었다.

3. **Al llegar** a casa, estaba lloviendo.
   내가 집에 도착했을 때 비가 내리고 있었다.

- Al+inf. 도 '-할 때'의 의미로 쓰인다. 주절의 주어와 동일할 때 주로 쓰이지만, 다른 경우에도 쓰인다.

Al escribir (nosotros), debemos seguir las reglas de puntuación.
우리는 글을 쓸 때 구두법을 따라야 한다.

Al terminar yo el trabajo (=Cuando terminé), Julia estaba dormida.
내가 일을 끝마쳤을 때 훌리아는 잠들어 있었다.

예제 1

a. 공항에 도착하면, 네게 전화할게. (cuando)
b. 카페에 들어갔을 때 나는 한 구석 자리에 호세와 마르따가 앉아 있는 것을 보았다. (cuando)

B. 기본 문형 2

1. Antes de que dejes de fumar, me habré muerto.
   네가 담배를 끊기 전에 내가 먼저 죽겠다.
2. Llegarán tus padres después de que me haya ido.
   네 부모님들께서는 내가 가고 난 다음에 도착하실 것이다.
3. Una vez que se bebió el té, se marchó sin despedirse.
   그는 차를 마시고 난 후 작별 인사도 없이 떠났다.
4. Previo a que empecemos la discusión, ¿podemos discutir este otro preyecto?
   우리가 토론을 시작하기에 앞서, 이 다른 프로젝트를 논의해도 되겠습니까?

- 구를 이끌 때는 antes de, después de를 쓴다.

Compré un ramo de flores **antes de ir** a su casa.
나는 그녀의 집에 가기 전에 꽃 한 다발을 샀다.

Perdón, señor. Yo estaba **antes de usted** en la fila.
미안합니다. 제가 선생님 앞에 있었습니다.

Compré un ramo de flores **después de reservar** un restaurante.
나는 레스토랑을 예약한 후에 꽃 한 다발을 샀다.

Después de una semana de lluvia, empezó a salir el sol.
일주일 간 비가 온 후에, 해가 나기 시작했다.

예제 2

a. 나는 그 놈이 오기 전에 갈래. (antes de que)
b. 그가 귀국한 후로 우리는 한 번도 그를 보지 못했다. (después de que)
c. 그는 저녁 식사를 하고 나서 산책을 하러 나갔다. (después de)

C. 기본 문형 3

1. Mientras tú hagas el ridículo, yo seguiré estudiando español.
   네가 어리석은 짓을 하는 동안에 나는 스페인어를 계속 공부하겠다.
2. Ellos empezaron a bailar al mismo tiempo que ella cantaba.
   그들은 그녀가 노래를 부름과 동시에 춤을 추기 시작했다.
3. a. Tan pronto como llegue el profesor, empezará el examen.
   교수님이 도착하시자마자 곧바로 시험이 시작될 것이다.

   b. Tan pronto como llegó el profesor, empezó el examen.
   교수님이 도착하시자마자 곧바로 시험이 시작되었다.
4. Nos marcharemos en cuanto amanezca.
   우리는 동이 트자마자 떠날 것이다.

- Apenas, Nada más도 '-하자마자'의 의미로 쓰인다. Apenas는 인칭과 시제가 변화된 동사를 동반하는데 반해, Nada más는 동사원형을 동반한다.

Apenas sonó el teléfono, el bebé echó a llorar. (= En cuanto)

Nada más sonar el teléfono, el bebé echó a llorar.
전화가 울리자마자 아이가 울기 시작했다.

- apenas는 '거의 -않다'라는 의미의 유사부정어 역할을 한다.

Apenas se oye el ruido. 소음이 거의 들리지 않는다.
(=No se oye apenas el ruido.)

'강조'를 위해 si와 함께 쓰이기도 한다.

Apenas si se oye nada. 거의 아무 소리도 들리지 않는다.
(=Casi no se oye nada.)

'겨우, 간신히'라는 의미로도 쓰인다.

El coche subió apenas la cuesta. 그 차는 언덕을 겨우 올라갔다.

예제 3

a. 너희들이 식사하는 동안에 나는 외출 준비를 할게. (mientras)
b. 공항에 도착하자마자 서둘러 짐을 부쳐라.
(tan pronto como, en cuanto 또는 apenas/ darse prisa/ facturar)

D. 기본 문형4

1. Yo vivo en este barrio desde que nací.
나는 태어난 이래로 이 동네에서 살고 있다.
2. Te seguiré amando hasta que tú te olvides de mí.
네가 나를 잊을 때까지 계속 너를 사랑할 것이다.
3. Esperaré aquí hasta que vengas.
나는 네가 올 때까지 여기서 기다리겠다.
4. El cerebro funciona solo desde que naces hasta que te enamoras.
뇌는 네가 태어난 순간부터 사랑에 빠져 있을 때까지만 작동한다.

hasta que 구문은 의미상 대체로 접속법을 요구한다. 주절의 시제에 비해 아직 이루어지지 않은 것을 주로 표현하기 때문이다. 그러나 의미에 따라서는 직설법을 동반하기도 한다.

Los alumnos lo repetirán hasta que el profesor esté satisfecho.
학생들은 교수님이 만족할 때까지 그것을 반복할 것이다. [미래에 일어날 일]

Los alumnos lo repiten hasta que el profesor está satisfecho.
학생들은 교수님이 만족할 때까지 그것을 반복한다. [늘 일어나는 일]

desde que 구문은 의미상 대체로 직설법을 동반한다. 그러나 문어체에서 간혹 직설법 대과거 또는 단순과거 대신 '접속법 불완료과거'를 쓰는 경우가 있는데, 이는 접속법 불완료과거 -ra형이 어원에서 직설법 대과거 시제였었기 때문에 그 잔상이 남아 있는 것이다.

Las cosas le iban bien desde que empezara a estudiar más.
→ Las cosas le iban bien desde que había empezado a estudiar más.
더 공부하기 시작했을 때부터 그에게는 일이 잘 풀려 나갔다.

La situación ha mejorado desde que ella fuera destituida de la Presidencia.
→ La situación ha mejorado desde que ella fue destituida de la Presidencia.
그녀가 대통령직에서 해임되었을 때부터 상황이 호전되었다.

예제 4

a. 네가 떠난 뒤로 어머니는 잠을 조금도 못 주무셨다. (desde de que)
b. 네가 돌아 올 때까지 네 어머니는 조금도 잠을 주무시지 못할 것이다. (hasta que)

E. 기본 문형 5

1. Voy corriendo por ti siempre que quieras.
네가 원할 때는 언제든 달려갈게.

2. Cada vez que bebía este licor, yo sentía un horrible mareo.
나는 이 술을 마실 때마다 끔찍한 어지러움을 느끼곤 했다.

3. El conserje va contando a los visitantes a medida que pasan por la puerta.
수위는 방문객들이 문을 통과할 때마다 숫자를 센다.

siempre que, cada vez que, a medida que 등은 이미 일어난 일이거나 일상적으로 일어나는 일을 나타낼 때는 직설법, 미래에 일어날 일이면 접속법을 쓴다.

Siempre que voy a la cocina, abro el frigorífico.
나는 부엌에 갈 때마다 냉장고를 열어 본다.

Avísame adónde vas siempre que salgas de noche.
밤에 외출할 때마다 어디로 갈 건지 내게 알려다오.

Cada vez que llego a casa, mi cachorro viene a saludarme.
내가 집에 도착할 때마다, 내 애완견은 나를 반기러 온다.

Cada vez que salgas de casa, cierra con la llave.
외출할 때마다 열쇠로 잠궈라.

A medida que avanzaba la película, iba interesándole más y más.
영화가 진행됨에 따라 그에게 점점 더 흥미진진해져 갔다.

Mejorarás a medida que adquieras mayor experiencia conduciendo.
너는 운전 경험이 더 쌓여감에 따라 더 나아질 거야.

예제 5

a. 그 교수님은 네가 질문할 때마다 언제나 자세히 대답하셨다.
(siempre que)

b. 그들은 나이가 들어가면서 성숙해져 갔다.
(a medida que)

c. 내가 그를 볼 때마다 매번 그는 그녀와 함께 있었다.
(cada vez que 또는 siempre que)

II. 연습문제

A. 주어진 어휘나 표현을 이용하여 다음 문장들을 작문하시오.

1. 네가 준비되면 나에게 알려다오. [avisar/ cuando/ estar listo]

2. 우리는 외국인 친구와 스페인어로 대화를 할 때 많은 오류를 저지른다.
[al hablar/ un amigo extranjero/ cometer incorrecciones]

3. 한 층씩 더 올라갈수록 더욱 어지러움을 느끼게 될 것이다.
[a medida que/ subir más pisos/ sentir/ el vértigo]

4. 상황이 정리될 때까지 여러 달이 걸릴 것이다.
[pasar/ varios meses/ hasta que/ arreglarse/ la situación]

5. 우리는 네가 안정을 찾은 후에야 계속 대화를 나눌 수 있다.
[después de que/ tranquilizarse/ seguir hablando]

6. 공범들은 두목이 돈을 나눠주면 곧바로 과떼말라로 갈 계획이었다.

[en cuanto/ repartir el dinero/ el cómplice/ planear]

7. 그 여인은 남편이 죽은 뒤로 혼자 살고 있다. [desde que/ enviudar]

8. 시간이 지날수록 나는 너를 더욱 그리워하게 될 것이다.

[a medida que/ pasar el tiempo/ extrañar]

B. 주어진 어휘나 표현을 이용하여 다음 문장들을 작문하시오.

1. 사장은 내게 자기가 돌아오기 전에 설거지를 다 하고 홀을 잘 정리해 놓으라고 말했다. [fregar/ arreglar/ antes de que/ regresar]

2. 너희들, 다 먹고 나면 제발 식탁 좀 치워라.

[una vez que/ terminar de/ limpiar la mesa]

3. 식사 후에 곧바로 운동하는 것은 좋지 않다. 또 운동하기 전에는 몸을 풀어라. [hacer ejercicio/ después de/ hacer calentamiento/ antes de]

4. 이곳에서 맛 본 음식은 모두 아주 맛있었습니다. 고향으로 돌아가면 무척 그리울 겁니다. [probar/ al regresar/ al+inf. 또는 cuando/ echar de menos]

5. 새 학기가 시작되려면 아직 2주일이 남았지만 신입생들은 미리 수업 준비를 한다. [hasta que/ empezar el curso/ novato/ de antemano]

6. 정부는 경제위기가 더 심해지기 전에 긴급 조치를 취할 필요가 있다. 작년 말 정부가 IMF에 금융 구제를 신청한 이래 국민들은 계속해서 거리에서 데모를 하고 있다.
[tomar medidas/ antes de que/ la crisis económica/ desde que/ la ayuda financiera/ manifestarse]

C. 주어진 어휘나 표현을 이용하여 다음 문장들을 작문하시오.

1. 지난주에 여자 친구와 헤어진 거 알고 있어. 이제 그 일은 잊어버리고 늦기 전에 너 자신에 대해서 더 신경을 써라.

   [separarse de/ olvidarse de/ ocuparse de/ antes de que]

2. 자식이 꿈을 이루기 전에 부모가 돌아가시는 일은 슬픈 일이다. 롤라의 아버지 역시 그녀가 앵커의 꿈을 이루기 전에 돌아가셨다.

   [antes de que/ hacer sueños realidad/ alcanzar sueño de]

3. 누구에게나 기회는 한 번 찾아온다. 행운의 여신이 미소 지을 때 그 기회를 잡을 수 있도록 잘 준비하라.

   [darse la oportunidad/ prepararse/ cuando/ la diosa de la suerte/ sonreír]

   * 행운의 여신: **diosa de la suerte**. 로마 신화의 Fortuna 여신(행과 불행을 모두 관장하는 '운명의 여신')이 이에 해당하므로 **la Fortuna, diosa Fortuna** 또는 **diosa de la fortuna** 등으로도 쓰인다.

4. 우리가 화석에너지를 소비할 때마다 환경은 악화된다. 그렇기 때문에 우리는 이 지구상에 살아가는 동안에 에너지를 절약하고 동시에 환경을 개선하기 위해 노력해야 한다.

[cada vez que/ la energía fósil/ el medio ambiente/ mientras/ el planeta]

5. 내 동생들과 나는 엄마가 갈비를 구워 내오실 때마다 다 먹어 치웠다. 결국 어머니는 한 조각도 잡수시지 못했다.

[cada vez que/ hacer chuletas/ al final]

6. 나는 집에 도착하자마자 13과를 큰 소리로 읽으며 외우기 시작했다. 문장들을 외우고 큰 소리로 말하는 것은 이 학과에 입학 한 이래 일상이 되었다.

[tan pronto como/ aprender de memoria/ recitar/ la rutina]

제9과 목적 부사절

I. 문장 유형

A. 기본 문형 1

1. Compraré la novela para que mi hijo la lea.
   나는 내 아들이 읽도록 그 소설을 살 것이다.
2. El rector viene a que se lo expliquéis.
   총장님은 너희들의 설명을 들으러 오실 것이다.
3. A fin de que no se oigan los ruidos de la calle, cierran las ventanas.
   그들은 길거리 소음이 들리지 않도록 창문을 닫는다.

‘목적’을 나타내는 구문의 종속절에서는 의미상 접속법이 온다. 주절 동사의 시제가 현재든 과거든 늘 ‘미래에 일어날 일’을 다루고 있기 때문이다.

Compré la novela para que mi hijo la leyera.
나는 내 아들이 읽도록 그 소설을 샀다.

Ella vino a que se lo explicáramos.
그녀는 우리가 그녀에게 그것을 설명할 수 있도록 왔다.

A fin de que no se oyeran los ruidos de la calle, ellos cerraron las ventanas.
길거리 소음이 들리지 않도록, 그들은 창문을 닫았다.

- 주절의 주어와 종속절의 주어가 같은 경우에는 전치사 다음에 동사원형을 쓴다.

Compré la novela **para leerla**.
나는 (내가) 읽으려고 그 소설을 샀다.

Ella vino **a explicárnoslo**.
그녀는 우리들에게 그것을 설명하러 왔다.

A fin de bloquear los ruidos de la calle, ellos cerraron las ventanas.
그들은 길거리 소음을 차단하기 위해 창문을 닫았다.

- 2번 구문에서처럼, 동작을 나타내는 동사(bajar, invitar, ir, venir, volver 등) 다음에는 목적의 의미로 전치사 a를 주로 쓴다.

Bajaron a estudiar un rato. 그들은 잠시 공부하러 내려왔다.

Me invitó a cenar. 그는 나를 저녁에 초대했다.

Fuimos a tomar una copa al bar. 우리는 한 잔 하러 바에 갔다.

Se reunían a hablar de sus descubrimientos.
그들은 자기들의 발견에 대해 말하기 위해 모였다.

Vendrá a hacer una votación. 그는 투표하러 올 것이다.

예제 1

a. 나는 레히나를 초대하기 위해서 그녀에게 전화를 했다. (para+inf.)
b. 나는 레히나를 빨리 오게 하려고 전화를 했다. (para que)
c. 기예르모는 부모님이 만족하시도록 열심히 공부했다.
(para que 또는 a fin de que)

B. 기본 문형2

1. Las famosas modelos se desnudaron **con el objeto de que** la gente se enterase de las pésimas condiciones de vida de los animales.
   유명 모델들은 사람들로 하여금 동물들이 처한 열악한 상황을 알게 하기 위한 목적으로 옷을 벗었다.
2. Dios creó al hombre **con la intención de que** fuera un ser amado.
   하느님은 인간이 사랑받는 존재가 되도록 인간을 창조하셨다.
3. El Gobierno presta apoyo a las familias necesitadas **con el propósito de que** superen la pobreza.
   정부는 취약 가정이 가난을 극복할 수 있도록 지원한다.
4. Se porta bien **con miras a que** le pongan un título nobiliario.
   그는 귀족 작위를 받을 것에 대비해 처신을 잘 한다.

목적을 나타내는 접속사로는 con el objeto de, con la intención de, con el propósito de, con el fin de, con vista a 등도 있다. 이 접속사들 역시 뒤에 위치하는 동사의 주어가 주절의 주어와 같으면 동사원형이 쓰인다.

Las famosas modelos se desnudaron **con el objeto de avisar** a la gente las pésimas condiciones de vida de los animales.
유명 모델들은 사람들에게 동물들이 처한 열악한 상황을 알리기 위한 목적으로 옷을 벗었다.

Dios creó al hombre **con la intención de hacer** el mundo bonito.
하느님은 세상을 아름답게 만들 의도로 인간을 창조하셨다.

El Gobierno presta apoyo a las familias necesitadas **con el propósito de reducir** la pobreza.
정부는 빈곤을 감소시키기 위해서 취약 가정을 지원한다.

Se porta bien **con miras a recibir** un título nobiliario.
그는 귀족 작위를 받을 것에 대비해 처신을 잘 한다.

- con vistas a (que)도 '목적'을 나타내는 데 쓰인다. 그러나 이 접속사는 문맥에 따라 '-이 바라보이는'이라는 의미로도 쓰인다.

Han comprado esa casa **con vistas a que** los niños **puedan** correr libremente por los alrededores.
그들은 아이들이 주변을 자유롭게 뛰어놀 수 있도록 그 집을 샀다.

Estoy buscando en internet **con vistas a encontrar** el viaje más barato a Madrid.
나는 가장 싼 마드리드 행 표를 찾기 위해 인터넷을 검색중이다.

He reservado un bonito hotel **con vistas a** la Alhambra.
나는 알람브라궁이 바라보이는 예쁜 호텔을 예약했다.

예제 2

a. 채권은행은 회사로 하여금 인원을 감축하게 할 의도로 구조조정 안을 요구했다. (El banco acreedor/ plan de reestructuración/ con la intención de que/ reducir personal)

b. 이웃 국가들은 남북이 화해하도록 많은 노력을 경주하고 있다. (hacer esfuerzos/ con el objeto de que/ reconciliarse)

c. 내 친구는 화학을 전공하도록 아들을 설득했다. (con el propósito de que/ la Química)

C. 기본 문형 3

1. La respuesta se deberá dar **de forma que** nuestra dignidad sea respetada.
   우리의 존엄성이 존중되도록 답이 제시되어야만 할 것이다.
2. Se lo expliqué **de modo que** lo entendieran bien.
   나는 그들이 그것을 잘 이해할 수 있도록 그들에게 그것을 설명했다.
3. Haría cualquier cosa **con tal de que** se hiciera un millonario.
   그는 백만장자가 되기 위해서라면 무슨 짓이라도 할 것이다.
4. Escóndete, **no sea que/ no vaya a ser que** te vean ellos.
   그들이 너를 보지 못하게 숨어라.
5. Acércate, **que** te vea.
   널 볼 수 있도록 가까이 와라.

- de forma que, de modo que 등의 접속사 구문이 '목적'의 의미일 경우에는 접속법 동사가, '결과'의 의미일 때는 직설법 동사가 사용된다. 후자의 경우 문장은 일반적으로 설명적 용법으로 표현된다.

  La respuesta se dio, **de forma que** nuestra dignidad **fue respetada**.
  답이 제시되어서, (그래서) 우리의 존엄성이 존중되었다.

  Se lo expliqué, **de modo que** lo **entendieron** bien.
  내가 그들에게 그것을 설명했더니, (그래서) 그들은 그것을 잘 이해했다.

- con tal de (que)의 경우, 주절의 주어와 접속사 이하 종속절의 주어가 같은 경우에는 동사원형을 쓴다. con tal de (que)는 '조건'의 의미로도 쓰인다.

  Él vendió todo regalado **con tal de acabar**.
  그는 떨이를 할 목적으로/조건으로 모두 싸게 팔았다.

Lo haremos **con tal de que** nos **permita** Ud.
당신이 허락하신다면 우리는 그것을 하겠습니다.

- 5번에서, que는 para que로 대체될 수 있다.

Acércate, **para que** te vea.
널 볼 수 있도록 가까이 와라.

예제 3

a. 쉽게 풀 수 있게 묶어라. (de forma que)
b. 그는 모두가 설명을 이해할 수 있게 말했다. (de modo/manera que)
c. 간식 줄 테니 이리 와봐! (que)

II. 연습문제

A. 주어진 어휘나 표현을 이용하여 다음 문장들을 작문하시오.

1. 너희들, 넘어지지 않게 잘 잡아라. [agarrarse/ para que / caerse]

2. 나한테 체스하는 법을 가르쳐줄래? [enseñar a/ jugar al ajedrez]

3. 기예르모는 부모님이 만족하시도록 열심히 공부했다.
   [a fin de que/ estar contento]

4. 식물들이 잘 자라도록 물을 주어라. [regar/ las plantas/ para que/ crecer]

5. 오를란도는 상대방 선수가 반칙을 하게 할 의도로 시비를 걸었다.
   [provocar/ el rival/ con la intención de que/ cometer una infracción]

6. 하이메가 돌아오자마자 저한테 전화하도록 메모 부탁합니다.

[dejar un recado/ para que/ llamar/ tan pronto como/ volver]

7. 우리들은 많은 학생들 앞에서 창피당하지 않도록 발표를 열심히 준비했다.

[preparar/ la presentación/ con empeño/ con el propósito de que/ dar vergüenza]

8. 기술자들은 1년 이내에 수소차를 시장에 출시할 목표로 일하고 있다.

[los técnicos/ trabajar/ con el objeto de/ lanzar al mercado/ el coche de hidrógeno]

* 상업화하다, 상품화하다: comercializar

B. 주어진 어휘나 표현을 이용하여 다음 문장들을 작문하시오.

1. 대통령은 자신의 정책에 대해 지지를 구할 목적으로 의회에서 연설했으나 헛수고였다. [dar un discurso/ con el fin de/ pedir ayuda/ ser en vano]

2. 알렉스는 수의사에게 자신의 개가 계속해서 고통 받지 않도록 모르핀을 주사해달라고 요청 했다.

[pedir/ el veterinario/ inyectar morfina/ con el propósito de que/ sufrir]

3. 우리는 회사 경쟁력 강화를 목적으로 직원을 감축했습니다. 이제 우리 이 불경기가 빨리 끝나도록 건배합시다.

[reducir personal/ con el propósito de que/ ser más competitivo/ brindar por que/ concluir/ la depresión económica]

4. 그가 새로운 업무에 적응하기 위해서는 일정한 시간이 필요할 것이다. 그러니 그가 자신의 일에 전념할 수 있도록 네가 잘 도와주어라.

[para que/ adaptarse a/ por lo tanto/ entregarse al trabajo]

5. 그들은 그 회사의 경영권을 차지할 목적으로 주식을 대량 구매했다. 그들은 큰 돈을 벌기 위해서는 무슨 짓이든 할 것이다.

[las acciones/ en gran escala/ con el objeto de/ tomar el mando/ hacer cualquier cosa/ para]

6. 여러분들께서 잘 이해하시도록 제가 자세히 설명 드리겠습니다. 그 기자는 진실을 밝힐 목적으로 그 단체를 조사한 것뿐입니다.

[explicar con detalle/ de modo que/ investigar/ entidad/ con el propósito de/ revelar la verdad]

C. 주어진 어휘나 표현을 이용하여 다음 문장들을 작문하시오.

1. 나는 어머니가 적적하시지 않게 아주머니 한 분을 고용했다. 그 분은 매일 어머니의 기분을 전환해 드리기 위해서 큰 소리로 신문을 읽어드린다.

[contratar/ para que/ sentirse sola/ para entretener]

2. 그 교수님은 학생들이 점심을 먹을 수 있도록 시간을 조정해주셨다. 그러나 대부분의 학생들은 점심을 먹는 대신 발표 준비를 하기 위해 그 시간을 활용했다. [arreglar/ el horario/ para que/ aprovechar/ no~sino]

3. 비비아나는 마우리시오를 참석하지 못하게 하려는 의도로 모임 날짜를 바꿨다. 마우리시오는 그녀를 망신 줄 목적으로 그 모임에 참석하고자 했었다.

[cambiar la fecha/ con la intención de que/ con el propósito de/ bajarle los humos]

* bajarle los humos 기를 죽이다. 망신을 주다

4. 학생들이 원하는 수업이 되기 위해서는 새로운 규칙을 정할 필요가 있다. 그래서 학교 당국은 학생들이 순서대로 모두 발표할 수 있게 할 목적으로 과목 당 수강 인원을 제한했다.

[para que/ establecer normas/ autodridades/ restringir/ con el propósito de que/ hacer presentaciones/ por orden]

5. 한국은 지난 몇 년간 한국과 아르헨띠나 양국이 자유무역협정을 맺어 관세를 낮추거나 없애도록 아르헨띠나와 여러 차례 교섭을 했다. 다음 주에는 양국 담당자들이 협상이 하루 빨리 종료되도록 다시 한 번 회의를 가질 것이다.

[negociar/ firmar/ TLC=Tratado de Libre Comercio/ para que/ los aranceles/ los encargados/ con el objeto de que/ las negociaciones/ concluir]

6. 햇볕에 나가면 피부가 상하지 않도록 자외선 차단력이 뛰어난 크림을 쓰는 것이 필요하다. 요즘은 많은 사람들이 태닝 할 요량으로 매우 적은 양의 자외선 차단제를 쓰기도 하지만, 이 경우 화상을 입을 수 있다.

[salir fuera/ la crema con alta protección solar/ a fin de que/ dañarse la piel/ el protector solar/ con la intención de/ broncearse/ sufrir quemaduras]

제10과 조건절과 양보절

I. 조건절

주절 동사의 의미가 실현되는 '조건'을 나타내는 종속절이다. 접속사는 si, en caso de que, a condición de que, con tal de que, a menos que 등이 주로 사용된다.

A. 기본 문형 1

1. Si quieres, Mauricio vendrá con gusto.
   네가 원하면 마우리시오는 기꺼이 올 것이다.
2. Si yo fuera un pajarito, volaría hacia ti.
   이 몸이 새라면 너에게 날아갈 텐데.
3. Si yo hubiera sabido la verdad, habría hablado.
   내가 그 사실을 알았더라면 말했으련만.
4. Si hubieras acabado la tarea, estarías en la playa ahora.
   네가 숙제를 끝냈더라면, 너는 지금 해변에 있을텐데.

volar는 자동사와 타동사 두 가지 의미로 모두 쓰인다. 그러나 기본적으로는 '날다'의 의미를 갖는 자동사이므로 '너에게 날아갈 텐데'라고 해서 te volaría는 되지 않는다. volar가 타동사로 '-을 날려버리다, 폭파하다'라는 뜻을 갖고 있기 때문이다.

El pájaro volaba de rama en rama.

새는 이 가지에서 저 가지로 날아다녔다.

Los terroristas volaron el camión.

테러리스트들은 트럭을 날려버렸다.

예제 1

a. 네가 그 책을 읽었더라면 대답할 수 있었을 텐데. (si+접속법 과거완료)

b. 그가 사실을 안다면 말하련만. (si+접속법 과거)

c. 비용 문제가 해결되면 우리는 해외여행을 할 수 있을 거야. (si+직설법 현재)

B. 기본 문형 2

1. En caso de que venga Jacinto, ¿le podrías entregar este paquete?
   하신또가 오는 경우에 이 소포를 전해줄 수 있니?
2. Iñigo lo hizo a condición de que ellos lo ayudaran.
   이니고는 그들이 자기를 도와주는 조건으로 그것을 했다.
3. Trabajamos juntos con tal de que nos ayuden.
   우리는 그들이 우리를 돕는다는 조건으로 같이 일한다.
4. Acudiré a mi cita mañana a menos que esté enfermo.
   내일 아프지 않으면 약속에 나갈 것이다.
5. Te enseñaré coreano a cambio de que me enseñes español.
   네가 나에게 스페인어를 가르쳐주면 나는 너에게 한국어를 가르쳐 줄게.

❯ 2번에서, 종속절에서는 le도 가능하지만 주절에서는 lo 대신 le가 쓰일 수 없다. leísmo는 목적어가 '사람'인 경우에만 쓰이기 때문이다.

❯ 4번에서 a menos que 대신에 a no ser que를 쓸 수도 있다. 이 접속사도 그 자체로 부정의 의미를 갖고 있으므로 종속절에서 따로 부정어를 쓰지 않는다. 접속법 동사를 요구한다.

예제 2

a. 다음 주에 돌려주는 조건으로 네게 돈을 빌려줄게. (con tal de que)
b. 은행을 설득하지 못하는 경우 그 회사는 파산할 것이다. (en caso de que)
c. 이번 행사에 전원이 참석한다는 조건 하에 나도 참석하겠다.
(a condición de que)

C. 기본 문형 3

1. a. Iré a la piscina, **excepto si** llueve.
   비가 오지만 않으면 나는 수영장에 갈 것이다.

   b. Saldría con Juan, **excepto si** tuviera algo que hacer.
   해야 할 일이 없으면 나는 후안과 데이트 할 텐데.

   c. Habría ido a la piscina, **excepto si** hubiera llovido.
   비가 오지 않았더라면 나는 수영장에 갔었을 텐데.

2. No podré ir a la playa este verano, **a menos que** cobre el sueldo.
   월급을 받지 못하면 나는 이번 여름 해변에 가지 못 할 것이다.

3. Trabajaría en esa cafetería, **a no ser que** me dieran trabajo en esta empresa.
   이 회사에서 일자리를 주지 않으면 나는 그 커피숍에서 일 할 것이다.

4. a. Él habla **igual que si** lo supiera todo.
그는 모든 것을 아는 것처럼 말한다.

b. Él habló **lo mismo que si** no hubiera pasado nada.
그는 아무 일도 일어나지 않았던 것처럼 말했다.

salvo si, salvo cuando도 조건절을 이끈다. excepto와 salvo는 '-이외에, -을 제외하고'라는 의미를 갖고 있으므로 부정적인 의미로 해석되기도 한다.

Me gustan mucho las manzanas, **salvo si** son verdes.
나는, 파랗지만 않다면(=파란 것을 제외하고는), 사과를 좋아한다.

Mi hijo siempre se chupa el dedo, **salvo cuando** está dormido.
내 아들은 잘 때를 제외하고는 항상 손가락을 빤다 (=잘 때만 손가락을 빨지 않는다).

예제 3

a. 경제적인 문제가 없다면 내년에 나는 스페인에서 공부할 것이다. (excepto si)

b. 그는 내가 자기 하인인 것처럼 나를 다뤘다. (como si)

II. 양보절

주절 동사의 의미가 실현되는 상황에 대한 '양보'의 의미를 나타내는 종속절이다. 주로 사용되는 접속사로는 aunque, si bien, a pesar de que; por más que 등이 있다.

A. 기본 문형 1

1. a. **Aunque** ahora llueve, saldré.
   지금 비가 오지만 나는 나가겠다.

   b. **Aunque** mañana llueva, saldré.
   내일 비가 온다 할지라도 나는 나가겠다.

2. **Si bien** es cierto que el amor sufre y llora, también ríe, y canta.
   사랑이 괴롭고 눈물도 흘리는 것은 사실이나 또한 웃기도 하고 노래도 한다.

3. a. **A pesar de que** estaba cerca de la muerte, el Papa mantenía la serenidad.
   죽음에 가까이 있었음에도 불구하고 교황은 평온함을 유지했다.

   b. **A pesar de** ser aún muy niña, ella manejó todo con mucha calma.
   그 일을 대신에 그녀는 모든 것을 침착하게 처리했다.

4. **Pese a que** nadie lo conocía, dio su opinión en público.
   아무도 그를 알지 못했지만 대중 앞에서 자신의 의견을 발표했다.

› aunque, a pesar de que 등의 '양보' 접속사는 실현된 사실을 기술할 때는 직설법을, 아직 실현되지 않은 일을 나타낼 때는 접속법을 쓴다. 반면 si bien 표현은 직설법과 함께 쓰이는 접속사이다. 3번 문형에서 주절과 종속절의 주어가 동일한 경우에는 절(que)을 취하지 않고 'a pesar de+inf. 또는 N' 형태를 쓴다.

A pesar de su sonrisa, ella estaba triste.
미소를 짓고 있음에도 불구하고 그녀는 슬펐다.

A pesar de ser aún muy niña, ella lo hizo en lugar de su mamá.
그녀는 아직 매우 어린 데도 불구하고 엄마 대신에 그것을 했다.

예제 1

1. 살바도르는 몸이 안 좋지만 약속에 빠지지는 않을 것이다. (aunque)
2. 세라핀은 건강이 나아지기는 했지만 휴식을 취할 필요가 있다. (aunque)
3. 나한테는 별로였지만 그 영화는 대단히 유명하다. (aunque)

B. 기본 문형 2

1. Aun trabajando toda la noche, no terminaré el proyecto planeado.
   밤새도록 일했지만 계획했던 프로젝트를 끝내지 못할 것 같다.
2. Con rezar, no conseguirás nada.
   기도해도 너는 아무것도 얻지 못할 것이다.
3. Nunca el consejo del pobre, por bueno que sea, es admitido.
   가난한 자의 충고는 아무리 좋아도 결코 받아들여지지 않는다.
4. Por más que corrió, perdió el avión.
   달려갔지만, 그는 비행기를 놓쳤다.
5. Sé valiente, siquiera sea por una vez.
   한 번만이라도 용감해져 봐.

Aun은 현재분사나 과거분사와 함께 쓰여 '-했지만'이라는 의미로 쓰인다.

Aun llegando tarde, le recibieron bien.
그는 지각했음에도 불구하고 환영받았다.

Aun habituado a andar sola de noche, sintió miedo.
그녀는 밤에 혼자 걷는 것이 익숙함에도 불구하고 두려움을 느꼈다.

aún과 aun의 차이: '아직(todavía)'의 의미일 때는 aún으로, '심지어는(hasta, incluso)'의 의미일 때는 aun으로 쓴다.

Aún no ha venido su padre.
그의 아버지는 아직 오시지 않았다.

Le ofrecieron un nuevo trabajo, pero aún no ha contestado.
그들은 그에게 새로운 일자리를 제안했는데, 아직 답을 하지 않았다.

Aún queda tiempo para que acabe el verano.
여름이 끝날 때까지는 아직 시간이 있다.

Aun los más torpes lo acertaron.
가장 굼뜬 자조차도 그것을 맞췄다.

Aun con los ojos vendados te reconocería.
심지어는 눈을 가리고도 너를 알아볼 수 있을 거야.

예제 2

a. 라이문도는 심사위원들을 매수했지만 원하는 것을 얻지 못했다.
(aun+현재분사)

b. 내가 화를 낼 줄 알면서도 그 일을 했다.
(aun+현재분사)

c. 아무리 어려워 보일지라도 너는 그것을 성취할 수 있다.
(por (más) difícil que+접속법)

III. 연습문제

A. 주어진 어휘나 표현을 이용하여 다음 문장들을 작문하시오.

1. 네가 오늘 일찍 퇴근하면 영화 보러가자. [si/ regresar de trabajo/ ir al cine]

2. 너희들이 돈이 있었더라면 벌써 카리브해로 떠났을 텐데.
   [si/ tener dinero/ marcharse/ el Caribe]

3. 훌리안이 한 잔 산다면 저녁은 글로리아가 낼 거야.
   [invitar a/ a condición de que]

4. 좋은 대본이 없다면 영화는 성공하지 못할 것이다.
   [a menos que/ el guión/ la película/ tener éxito]

5. 검사는 증거들을 제출했음에도 불구하고 판사를 납득시키지 못했다.

[si bien/ el fiscal/ presentar/ las evidencias/ convencer/ el juez]

6. 아무리 비단 옷을 입어도 원숭이는 원숭이다.

[aunque/ la mona/ vestirse de/ la seda/ quedarse]

7. 참석자들이 늦게 도착했지만 아무도 그들에게 불평하지 않았다.

[a pesar de que/ los participantes/ llegar tarde/ nadie/ quejarse de/ nada]

8. 언론과 정적들으로부터 공격을 받았음에도 불구하고 대통령 후보는 살아 남는데 성공했다.

[pese a/ atacar/ la prensa/ los enemigos políticos/ el candidato presidencial/ conseguir/ sobrevivir]

B. 주어진 어휘나 표현을 이용하여 다음 문장들을 작문하시오.

1. 마지막이어도 좋으니 제발 사정 좀 봐주세요. [hacer el favor/ aunque]

2. 구스따보가 아무리 잘 생겼다 해도 미래가 없는 것 같아 나는 싫다.
[por más guapo que sea/ porque/ tener futuro]

3. 비는 그쳤지만, 우산을 가지고 나가라. 제발 한 번만이라도 내 말 좀 들어라.
[llevarse/ aunque/ parar de/ hacer caso/ siquiera por una vez]

4. 프리다가 아무리 부자라 할지라도 내 스타일은 아니야. 호세피나라면 내 맘에 들었을 텐데. [por más rica que sea]

5. 그라시엘라가 제 때 나에게 전화만 했어도 그런 일은 일어나지 않았을 텐데. 아무리 늦었어도 나는 그녀를 마중 나갔을 것이다.
[si/ a tiempo/ ocurrir/ por tarde que fuera]

6. 네가 오늘 안으로 일을 끝내면 내일 놀이 공원에 데리고 갈게. 그렇지만 너는 밤을 하얗게 지새운다고 할지라도 그 일을 다 마치지는 못할 것이다.
[llevar/ el parque de atracciones/ con tal de que/ hacer los deberes/ pasar toda la noche en blanco]

C. 주어진 어휘나 표현을 이용하여 다음 문장들을 작문하시오.

1. 지진과 해일 위험에도 불구하고 정부는 원자력발전소를 더 지을 예정이다. 환경보호자들의 주장은 아무리 정당해도 결코 받아들여지지 않았다.
[a pesar de/ terremotos/ tsunamis/ los centrales nucleares/ el ecologista]

2. 분리주의자들은 양측이 3개월 간 휴전하는 조건으로 협상에 응했다. 양측이 노력했음에도 불구하고 협상은 결국 결렬되었다.
[el separatista/ la negociación/ a condición de que/ acordar una tregua/ a pesar de/ acabar en ruptura]

3. 계약이 이미 종료되었음에도 불구하고 회사는 계약 연장에 대해 아무런 말이 없다. 애초에 엘비라가 다른 회사를 선택했더라면 지금 이렇게 불안하지는 않았을 텐데. [aunque/ el contrato/ la renovación/ si]

4. 경기가 끝났음에도 불구하고 팬들은 스타디움을 떠나지 않고 계속 구단 찬가를 불렀다. 그들은 한순간이라도 더 그들의 영웅들을 보고 싶었다.

[los aficionados/ el himno del club/ siquiera fuera un momento más]

5. 고메스 부모님이 아들의 애인을 있는 그대로 받아들인다면 그가 아마도 좀 덜 고통스러울 텐데. 부모님이 아무리 그 둘을 갈라놓으려 하지만, 결국 항복하게 될 것이다.

[si/ tal como es/ empeñarse en/ acabar por/ tirar la toalla]

6. 아무리 그렇다 해도 헤르만의 행동은 이해가 안 된다. 불난 집에 부채질만 하지 않았더라도 니꼴라스와 셀리아는 헤어지지 않았을 것이다.

[aunque sea así/ el comportamiento/ si/ echar leña al fuego/ separar]

제11과 원인 및 결과 부사절

I. 원인절

주절 동사의 의미가 실현되는 '원인'을 나타내는 종속절이다. que, porque, puesto que, ya que, como; visto que, por razón de que, dado que 등이 주로 사용된다.

A. 기본 문형 1

1. No te pido que me perdones, **porque** yo, en tu caso, no te perdonaría.
   네게 용서해달라고 빌지 않겠다. 왜냐하면 내가 네 입장이라면 나는 너를 용서하지 않을 것이기 때문이다.
2. Estudio mucho **puesto que** quiero mejorar mis notas.
   학점을 높이고 싶기 때문에 나는 열심히 공부한다.
3. **Ya que** lo sabes, dímelo.
   너는 이미 그것을 알고 있으니 내게 말해다오.
4. **Como** no estudiaron mucho, no sacaron buena nota.
   그들은 공부를 열심히 안 해서 좋은 성적을 받지 못했다.
5. No te rías, **que** no estoy para bromas.
   난 농담할 생각 없으니 웃지 마.

5번 문형에서 que는 porque의 의미로 쓰인 것이다.

Lo hará sin duda, que me ha prometido hacerlo.
그는 틀림없이 그것을 할 거야, (왜냐하면) 내게 한다고 약속했으니까. (=porque, pues)

예제 1

a. 교수님께서 잘 설명해주셔서 우리는 복잡한 문법을 이해했다. (como)
b. 루끄레시아가 거리에서 구조를 요청하자 이웃 주민들이 무슨 일이 일어났는지를 보러 나왔다. (ya que)
c. 그는 내키지 않아서 안 왔다. (como)

B. 기본 문형 2

1. No te dijo nada del asunto, por razón de que era un secreto.
   비밀이기 때문에 그는 너에게 그 문제에 대해 아무것도 말하지 않았다.
2. Dado que sabes tanto, ¿por qué no me ayudas con este trabajo de investigación?
   너는 그렇게 많이 알면서 왜 이 연구를 도와주지 않니?
3. De tan deprimida que estaba, ella no quiso hablar con nadie.
   그녀는 너무 상심해서 아무하고도 말하고 싶어 하지 않았다.
4. Visto que no llegan, ¿por qué no les dejamos una nota y nos vamos?
   그들이 오지 않으니 우리 메모를 남겨놓고 가는 것이 어때?
5. Ya sea porque está cansada ya sea porque está enferma, María nunca sale conmigo cuando la invito.
   피곤해서 그런지 아니면 아파서 그런지 마리아는 내가 청할 때 나랑 절대로 데이트하지 않는다.

5번 ya sea ~, ya sea ~는 ya~, ya~로도 바꾸어 쓸 수 있다.

Ella cantaba ya con gozo, ya con dolor.
그녀는 때론 기쁨에 겨워 때론 슬픔에 젖어 노래를 부르곤 했다.

예제 2

a. 레오뽈도가 참석을 원치 않으니까, 우리는 대신 셀리나를 초대할 것이다. (visto que)
b. 집이 너무 엉망이라 루까스와 호르헤는 청소를 시작했다. (de tan desordenada que)
c. 너무 덥다는 이유로 우리는 수영장을 갔다. (por razón de que)

II. 결과절

주절 동사의 실현 '결과'를 나타내는 종속절이다. tanto~ que, tan~ que, tal~ que; de forma que, así que, de modo que 등이 주로 쓰인다.

A. 기본 문형 1

1. Posee tanto orgullo que no puede ser feliz.
그는 자존심이 너무 세서 행복해질 수 없다.

2. Me desperté tan temprano que vi salir el sol.
나는 일찍 잠이 깼기 때문에 해가 뜨는 것을 보았다.

3. Tanto comió que al fin tuvo dolor de estómago.
(=Comió tanto que al fin tuvo dolor de estómago.)
그는 너무 많이 먹어 결국 배가 아팠다.

4. Siempre dice **tales** cosas **que** nos hace reír mucho.
그는 항상 그런 이야기를 하여 우리에게 엄청난 웃음을 자아낸다.

5. Estaba furiosísimo y enojado, **que** nadie se atreveía a mirarle la cara.
그가 격노해 있어서 아무도 감히 그의 얼굴을 바라보지 못했다.

5번 문형에서처럼, que는 por eso의 의미로도 쓰인다.

Me entró una pena, **que** no podía contarles todo.
나는 갑자기 슬퍼져서, (그래서) 그들에게 다 말하지 못했다. (=por eso)

예제 1

a. 스페인 사람들이 너무 빨리 말해서 외국 학생들이 잘 이해를 못한다. (tan ~ que)

b. 깔리스또는 어릴 적에 단 걸 너무 좋아하는 아이여서 이가 다 썩었다. (tan ~ que)

c. 나는 너무 먹어서 5킬로 이상 쪘다. (tanto que)

B. 기본 문형 2

1. Corre todos los días **de forma que** está agotado.
   그는 매일 달려서 녹초가 된다.

2. Ella no va a venir, **así que** no insistas.
   그녀는 오지 않을 거야, 그러니 고집부리지 마라.

3. Me castigaron, **de modo que** de ahí en adelante no cometí más errores.
   나는 벌을 받았고 그때부터 나는 더 이상 실수를 하지 않았다.

4. La llamó **de tal suerte que** pudieron salir juntos.
   그가 그 여자에게 전화해서 그들은 함께 나갈 수 있었다.

5. La miró **de tal manera que** la asustó.
   그가 그녀를 그런 식으로 쳐다봐서 그녀를 놀라게 했다.

6. Acércate, **que** pueda verte la herida.
   네 상처를 볼 수 있도록 가까이 와라.

- de forma que가 '그래서'라는 결과의 의미일 때는 직설법을 요구하지만, '-하도록'이라는 목적의 의미일 때는 접속법을 요구한다.

Le habló claro **de forma que** entendiera bien.
그는 그에게 잘 이해하도록 분명하게 말했다.

Haremos turnos **de tal forma que** todos puedan descansar.
우리는 모두가 쉴 수 있도록 교대를 할 것이다.

다음 접속사들로도 결과절을 이끈다.

así pues, en consecuencia, por consiguiente, por (lo) tanto, por ello, por eso, por lo cual/que, por esta razón

No había internet; así pues no pude trabajar.
인터넷이 없어서 일을 할 수가 없었다.

No quiero hablar con él, en consecuencia, no voy a llamarlo.
나는 그와 얘기하고 싶지 않다, 따라서 그에게 전화하지 않을 것이다.

Hemos perdido dos días de clase, por consiguiente, deberemos recuperarlos a lo largo de este mes.
우리는 이틀 수업을 못했다, 따라서 이번 달에 보충해야만 할 것이다.

No tenemos suficiente dinero, por (lo) tanto, tendremos que reservar un hotel más barato.
우리는 돈이 충분히 없어서 더 싼 호텔을 예약해야만 할 것이다.

Habéis trabajado mucho y, por ello, no os pongo deberes.
너희들은 열심히 했으니 나는 너희들에게 숙제를 내주지 않겠다.

Ella llegó tarde a la reunión, por eso estoy enfadado.
그녀는 회의에 늦었다, 그래서 나는 화가 나 있다.

Mi tío estaba ocupado, por lo que(=por lo cual) regresé a casa sin hablar con él.
삼촌이 바빠서 나는 그와 이야기하지 못하고 집에 돌아왔다.

Soy vegetariano; por esta razón, no como carne.
나는 채식주의자이다, 이런 이유로 나는 고기를 먹지 않는다.

6번 문형에서처럼, que는 단독으로 쓰여 para que의 의미를 갖기도 한다.

예제 2

a. 에르네스또가 작문시험에서 컨닝해서 파비올라는 그에게 화가 났다. (de modo que)
b. 문법은 그가 잘 아니까 모르는 게 있으면 그에게 물어봐. (así que)
c. 네가 바보같은 말을 지껄이니 나는 신경 쓰지 않는 거다. (que)

III. 연습문제

A. 주어진 어휘나 표현을 이용하여 다음 문장들을 작문하시오.

1. 멜리사는 일을 너무 많이 해서 병이 났다.

[trabajar tanto que/ caer enfermo]

2. 마리솔은 너무 슬퍼서 흐느껴 울기 시작했다.

[tan triste que/ empezar a sollozar]

3. 학생들은 너무 크게 소리를 질러서 목이 쉬었다.

[gritar/ tan alto que/ quedarse ronco]

4. 나는 10문제나 실수해서 면허 시험에서 떨어졌다.

[meter la pata en/ suspender el examen/ conducir]

5. 5분밖에 남지 않았으니 이제 너희들도 서둘러야 해.

[quedar/ de modo que/ darse prisa]

6. 우리는 즉시 잠자리에 들고 싶었기 때문에 일찍 왔다.

[ya que/ acostarse/ enseguida]

7. 난 지금 나가지 않을 거니까 더 이상 우기지 마라. [salir/ así que/ insistir]

8. 우리는 세계 최고의 리그에서 뛸 수 있어서 아주 행복합니다.

[estar feliz/ porque/ jugar/ la mejor liga del mundo]

B. 주어진 어휘나 표현을 이용하여 다음 문장들을 작문하시오.

1. 마르띤은 어제 너무 술을 많이 마셔서 머리가 아프다.
   [beber tanto/ que/ doler/ la cabeza]

2. 그의 야망은 대단해서 어느 것 앞에서도 멈추지 않을 것이다.
   [tanto/ la ambición /que/ detenerse/ ante nada]

3. 부모님의 경고에도 불구하고 그런 실수를 저질러서 소년은 지금 벌을 받고 있다. [a pesar de/ la advertencia/ cometer tal error/ que/ sufrir el castigo]

4. 나는 여자 친구가 먼 곳에 살아서 잘 찾아가지 않는데, 그래서 그녀는 무척 불평한다. [vivir en el quinto pino/ raras veces/ de manera que/ quejarse]
   * en el quinto pino 먼 곳에

5. 레오노르는 스페인어가 아닌 다른 언어는 말하지 못해. 그러니 너희들 그녀를 놀라게 일부러 영어로 말하지 마라.

[no ~ más que/ por tanto/ de modo que/ asustar]

6. 눈이 많이 내려서 운전할 엄두가 나지 않으니 나는 내일까지 집에서 가만히 있겠다.

[De lo mucho que/ nevar/ atreverse a/ de modo que/ quedarse quieto/ salir fuera]

C. 주어진 어휘나 표현을 이용하여 다음 문장들을 작문하시오.

1. 시험이 무척 어려워서 나는 한 문제도 못 풀었다. 그러나 다른 친구들은 준비를 많이 했는지 모두 답했다. [tan/ que/ contestar a la pregunta]

2. 레안드로는 돈이 없어서인지 시간이 없어서인지 우리와 같이 못 가. 넌 그에 대해서 아무것도 모르니까 함부로 끼어들지 마!
[o porque~ o porque~/ meter las narices]

3. 마르띤은 IT 전문가이니까 그 회사에 들어가면, 다른 사람들은 무에서 시작해야 하는 반면, 그는 물 만난 고기와 같을 것이다.
[visto que/ sentirse como pez en el agua/ empezar de cero]

4. 우리는 부당한 처사가 지겨워서 회사를 그만두기로 결정했다. 따라서 보스의 협박은 우리에게 아무런 영향을 미치지 못할 것이다.
[dejar la empresa/ por eso/ la amenaza/ de ninguna manera]

* estar uno hasta las narices 지겨워하다.

5. 여기는 사람들이 담배를 너무 피워서 공기가 무척 탁하다. 달리 방법이 없으니 여기서 나가자. [de tanto que/ no hay más remedio]

6. 마이떼가 나를 바람 맞췄기 때문에 나는 다시는 그 아이와 약속하지 않을 것이다. 이미 이번 학기도 다 끝났기 때문에 나는 그 아이를 다시 볼 걱정을 할 필요가 없다. [puesto que/ quedar con/ preocuparse por]

* dejar a uno plantado/ dar a uno plantón 바람을 맞히다.

제12과 동사의 무인칭 형태들

I. 부정사

A. 기본 문형 1: 명사 기능

1. Fumar no es bueno para la salud.
   흡연은 건강에 좋지 않다.
2. La felicidad es estar satisfecho contigo mismo.
   행복이란 네 자신에게 만족하는 것이다.
3. Pensamos viajar por España el mes que viene.
   우리는 다음 달에 스페인을 여행할 생각이다.
4. Pienso en volver a mi pueblo natal algún día.
   나는 언젠가 고향에 돌아갈 생각이다.
5. Es hora de descansar.
   이제 쉴 시간이다.
6. Este cuarto no es apto para estudiar.
   이 방은 공부하는데 적합하지 않다.

동사원형은 명사 상당 어구이므로 문장 내에서 주어, 보어, 목적어 역할을 수행한다. 1번 문형에서는 주어 역할로 쓰인 것이고, 2번 문형에서는 ser동사의 보어로 쓰인 것이다. 3번 문형에서는 동사 pensar의 목적어로 쓰인 것이고, 4, 5, 6번 문형에서는 각각 전치사 en, de, para의 목적어로 쓰인 것이다.

pensar는 동사원형을 취할 때 전치사 en을 동반하기도 한다. 자동사와 타동사 두 가지 기능을 모두 갖고 있기 때문이다.

[자동사]

No pienses más **en** este asunto. 이 일은 더 이상 생각하지 마라.

Me esforzaba en no pensar **en** ella. 나는 그녀를 생각하지 않으려 노력했었다.

A ver si piensas **en** los demás. 네가 그 밖의 다른 사람들을 생각하는지 보자.

Estoy pensando **en** vender mi casa. 나는 집 파는 것을 생각하고 있다.

[타동사]

Me asusta **lo que** piensas. 네가 생각하고 있는 것이 나를 놀라게 한다.

Piensa bien **la respuesta**. 답을 잘 생각해봐라.

¿**Qué** piensas de él? 너는 그에 대해 어떻게 생각하니?

Pienso **ir** mañana. 나는 내일 갈 생각이야.

예제 1

a. 이 카페는 공부하기에 너무 시끄럽다. (demasiado ~ para)
b. 지금 나는 할 일이 아무 것도 없다. (nada que)
c. 우리는 기다리는 데 지쳤다. (cansado por)

B. 기본 문형 2: 전치사+동사원형 관용어구

1. El búho de Minerva abre sus alas **al atardecer**.
   미네르바의 부엉이는 해가 지면 부상한다.
2. **De oírlo** todos se reirán.
   그것을 듣는다면 다 웃을 것이다.
3. **Con tener** tanto dinero no perdió don Antonio su modestia.
   돈이 많음에도 불구하고 돈 안또니오는 겸손함을 잃지 않았다.
4. **A no ser por** ese entrenador, todos hibieran muerto de hambre.
   그 코치가 아니었더라면 모두 굶어 죽었을 것이다.
5. ¡**A callar**!
   조용히 해!

- al atardecer는 cuando atardece로, de oír는 si oyen으로, con tener는 aunque tenía로 각각 바꾸어 쓸 수 있다.

- con+inf.는 고어체 표현이나 아직도 사용되고 있다.

Con estudiar un poco, aprobarás.
공부를 조금 하지만, 너는 합격할 것이다.

Con ser tan antiguo, le han postergado.
그는 고참이지만 승진에서 뒤쳐졌다.

예제 2

a. 그걸 미리 알았더라면 오지 않았을 것이다. (de+inf.)
b. 나는 열심히 공부하지만 전 과목을 통과하지는 못할 것이다. (con+inf.)
c. 어제 우리가 집을 나섰을 때 비가 많이 왔었다. (al+inf.)

II. 현재분사

A. 기본 문형 1

1. Cuando me llamaste, yo estaba leyendo un libro.
   네가 내게 전화했을 때 나는 책을 읽고 있었다.
2. Vi a Olivia hablando con Joaquín.
   나는 올리비아가 호아낀과 이야기하고 있는 것을 보았다.
3. Iremos andando hasta la playa.
   우리는 해변까지 걸어서 갈 것이다.
4. Mauricio sigue pensando en ella.
   마우리시오는 계속해서 그녀를 생각한다.
5. Llevo mucho tiempo dedicándome a este trabajo.
   나는 이 일에 종사한지 오래되었다.

2번 문형의 경우 두 가지 해석이 가능하다. 일반적으로는 '나는 호아낀과 이야기 하고 있는 올리비아를 보았다'로 해석되지만, '내가 호아낀과 이야기하면서 올리비아를 보았다'라고도 해석될 수 있다. 그러나 이런 경우에는, 다음과 같이 문장의 순서를 바꾸어 해석상의 혼란을 피할 수 있다.

Hablando con Joaquín vi a Olivia.
나는 호아낀과 이야기하면서 올리비아를 보았다.

목적어가 사물이라면 해석상의 혼란은 별로 일어나지 않는다.

Leía el libro escuchando la música.

Escuchando la música leía el libro.
나는 노래를 들으면서 책을 읽고 있었다.

- 3,4,5번 문형에서처럼 현재분사는 estar뿐만 아니라 동작동사와 함께 쓰여서도 진행의 의미를 나타낸다.

예제 1

a. 오스발도는 라디오를 들으면서 공부하는 습관이 들어 있다. (escuchando)

b. 빨라시도의 부모님은 오페라에서 노래하고 있는 아들을 보자 감격했다. (cantando)

c. 우리가 도착했을 때 네 어머니는 음식을 준비하는 중이셨다. (preparando)

B. 기본 문형 2

1. Comiendo, no hables (No hables con la boca llena).
   음식을 먹으면서는 말하지 마라.
2. Alborotando los niños, no se podía trabajar.
   아이들이 소란을 피워서 일을 할 수가 없었다.
3. Viéndolo así, ya me convence.
   그렇게 생각한다면 그건 마음에 든다.
4. Siendo difícil, lo consiguió Octavio.
   비록 힘들기는 했지만 옥따비오는 그것을 이뤄냈다.

현재분사 구문은 '동시동작' 또는 '진행'의 의미를 지닌다. 문맥에 따라 comiendo는 cuando comas로, alborotando는 como alborotaban으로, viéndolo así는 si lo ves así로, siendo difícil은 aunque fue difícil로 바꾸어 쓸 수 있다.

예제 2

a. 자신이 암에 걸린 것을 알았지만 빠울리나는 아무에게도 말하지 않았다. (sabiendo que)
b. 그들은 교회에서 미사를 듣고 있다가 갑자기 울기 시작했다. (escuchando)
c. 어렵다는 것을 알아채고는 모두 다 체념했다. (dándose cuenta de)

III. 과거분사

A. 기본 문형 1

1. Se ha derrumbado por el diluvio el puente construido hace 100 años.
   100년 전에 건설된 다리가 폭우에 무너졌다.
2. ¿Anoche dejaste la luz encendida o apagada?
   어젯밤에 불을 켜두었니 아니면 껐니?
3. Ella volvió a casa muy fatigada.
   그녀는 무척 피곤한 채로 집으로 돌아왔다.
4. Tengo escritas varias cartas.
   나는 편지를 여러 통 써두었다.
5. Te vi muy preocupada.
   너 아주 걱정스러워보였어.

- 1번의 derrumbado는 동사로 쓰인 것이므로 주어의 수에만 일치한다. 반면에 construido는 수식하는 명사인 puente와 성과 수(남성단수)가 일치되어야 한다. 2번의 encendida와 apagada 역시 마찬가지이다. 수식하는 명사 luz에 성과 수(여성단수)가 일치된 것이다.

- 3번의 fatigada는 주격 보어로 쓰인 것이므로 주어인 ella와 성수가 일치된 것이다.

- 4번과 5번의 escritas와 preocupada는 목적보어로 쓰인 것이므로 각각 목적어 cartas와 te에 성과 수가 일치된 것이다. 그러나 5번의 경우에는 te의 성이 명시적으로 드러나 있지 않으므로 해석상 혼란을 야기할 수 있다.

preocupada가 주격보어로 해석될 수도 있기 때문이다. 즉 "내가(여성단수) 매우 걱정스러운 상태에서 너를 보았다"라고도 할 수 있다. 그러나 일반적으로 가장 자연스러운 문장을 구성하는 방향으로 해석하는 것이 좋다.

예제 1

a. 길거리에는 유기견들이 많다. (perro perdido 또는 perro abandonado)
b. 그 사고로 두 명이 사망하고 다섯 명이 다쳤다. (muertos/ heridos)
c. 가장 중요한 부분은 이미 다 했어. (hecho 또는 terminado)

B. 기본 문형 2

1. Terminada la clase, los estudiantes salieron con prisa.
   수업이 끝나자 학생들은 재빨리 나갔다.
2. Clasificados los libros, Uds. pueden pedirlos prestados.
   책이 분류되면 여러분들은 책을 대출할 수 있을 것이다.
3. Talados los árboles del bosque, se han desaparecido los animales del monte.
   숲의 나무들이 잘리자 산에서 동물들이 사라졌다.
4. Informado sobre el golpe de estado, el gobierno no tomó ninguna medida.
   쿠데타 소식을 보고 받았지만 정부는 아무런 조치를 취하지 않았다.
5. Invadida la ciudad, todos los ciudadanos se huyeron a los suburbios.
   도시가 공격받자 시민들은 모두 교외로 도망쳤다.

- 과거분사 구문은 '완료'의 의미를 지닌다. 문맥에 따라 terminada는 en cuanto terminó로, clasificados는 si los libros son clasificados로, talados는 como fueron talados로, informado는 aunque se informó로, invadida는 cuando la ciudad fue invadida로 각각 바꾸어 쓸 수 있다.

예제 2

a. 학기가 끝나자 학생들은 집으로 돌아갔다. (acabado)
b. 휴대폰을 잃어버리자 그들은 안절부절 못했다. (perdido)
c. 시험이 늦게 시작해서 우리는 제 때 도착할 수 있었다. (empezado)

IV. 연습문제

A. 주어진 어휘나 표현을 이용하여 다음 문장들을 작문하시오.

1. 우리는 겨울 방학 동안에 유럽 여러 나라를 여행할 계획을 갖고 있다.

   [pensar/ viajar por/ las vacaciones de invierno]

2. 이 일이 끝나면 나는 즉시 해변으로 쉬러 가겠다.

   [terminando/ de inmediato/ la playa/ descansar]

3. 나는 단숨에 이 이메일을 썼고 괴로운 짐에서 벗어난 느낌이었다.

   [escribir el correo/ de un tirón/ quitarse el gran peso encima]

4. 아들이 입대하자 어머니는 매일 아들을 생각하며 잠이 들었다.

   [dándose de alta en el ejército/ pensando en]

5. 다른 사람들이 공부할 때 너희들은 큰소리로 이야기해서는 안 된다.

[estudiando/ los demás/ hablar en voz alta]

6. 뻬뻬는 돈이 부족하게 될 거라는 생각에 그 일을 받아들였다.

[creyendo/ faltar dinero/ aceptar/ el trabajo]

7. 그는 몹시 화가 나서 들어와 아내에게 누군가가 주차장에 주차되어 있는 차를 긁었다고 말했다. [rascar, estacionar, aparcamiento]

8. 빨로마는 빠울리노와 이야기 하면서 그 옆에 있는 빠블로를 못 본 척 무시했다. [hablando con/ hacer caso/ estar a su lado]

B. 주어진 어휘나 표현을 이용하여 다음 문장들을 작문하시오.

1. 과음, 과식, 운동 부족, 과도한 업무 등은 모두 건강의 치명적인 적이다.

   [comer y beber demasiado/ hacer ejercicio/ trabajar/ el enemigo mortal/ la salud]

2. 세히스문도는 나한테는 그날 당장 떠날 거라고 말하더니, 라우라가 며칠 더 머물 거라는 말을 들은 후에는 금방 자기도 떠날 생각이 없다고 말했다.

   [marcharse/ quedarse/ un año más]

3. 경제를 초토화시키고 납세자들을 빈털터리로 만든 것이 월가의 유일한 범죄 행위는 아니다. 이 때문에 수많은 가정이 파산했다.

   [hundir/ la economía/ desplumar/ los contribuyentes/ el pecado/ por ello/ arruinarse]

4. 현황을 보고 받은 담당자는 기존의 전례들을 고려하여 졸업생들의 권리를 보호하기 위한 가능한 모든 조치를 취하겠다고 말했다.

   [el encargado/ informado/ tomar las medidas/ defender/ los derechos/ los estudiantes graduados/ teniendo en cuenta/ los precedentes existentes]

5. 국민의 단합을 통한 테러리즘 종식, 경제위기 극복과 미래를 위해 나라를 준비하는 것이 오늘 대통령이 강조한 정부의 도전과제이다.
[acabar con/ el terrorismo/ la unidad del pueblo/ el reto del Gobierno/ destacar/ el Presidente]

6. 그는 서류를 사무실에 두고 왔다는 사실을 깨닫고는 즉시 비서에게 공항으로 가져 오라고 전화했다. 서류가 도착하자 다시 한 번 훑어본 후에 비행기에 올랐다. [Al enterarse de que/ ojear]

C. 주어진 어휘나 표현을 이용하여 다음 문장들을 작문하시오.

1. 아프리카에서는 식량과 의약품 부족으로 내전 난민들 사이에서 부상자들과 사망자들이 속출하고 있다. 우리가 그들에게 도움의 손길을 내밀 때이다.
[la falta/ los víveres/ los medicamentos/ seguir provocando/ los refugiados/ la guerra civil/ echar una mano]

2. 일반 국민들이 접근할 수 없는 정보를 바탕으로 하는 공무원들의 투기는 매우 심각한 범죄행위이다. 부패 공무원으로 분류된 자들에게는 책임을 물어야만 한다.
[la especulación/ el funcionario público/ basado en/ estar al alcance de/ exigir responsabilidades]

3. 지난 주 빰쁠로나에서 열린 산 페르민 축제에서 심하게 부상을 당한 젊은 관광객은 며칠 간 고통을 겪다 사망했다. 즐기기 위해 목숨을 거는 것은 어리석은 일이다. [resultar herido/ tras/ la agonía/ arriesgarse la vida]

4. 발표된 자료에 따르면 부자들은 돈이 많음에도 불구하고 가난한 사람보다 덜 행복하다고 느끼고 있다. 부자들은 미래를 두려워하기 때문에 보험도 여러 개 들어둔다.

[según/ pese a/ como/ temer por/ tener contratados varios seguros]

5. 국방부 장관은 중동에 파견된 자국 군대가 그 나라에서 다음 주 실시될 선거를 앞두고 최고의 경계태세에 들어갔다고 오늘 밝혔다. 이 소식을 듣는다면 군인들의 어머니들은 조바심하게 될 것이다.

[el ministro de Defensa Nacional/ desplegar/ el Medio Oriente/ estar en alerta máxima/ estar con el alma en vilo]

* estar con el alam en vilo (또는 estar en un hilo) 조바심하다, 조바심을 내다.

6. 경찰은 마약밀매업자들이 남긴 단서들을 추적한 끝에 이런 유형의 납치를 전문으로 하는 일당을 체포할 수 있었다. 그들의 업적을 알게 된다면, 자식들이 아버지를 매우 자랑스럽게 여길 것이다.

[seguir/ la pista/ el narcotraficante/ arrestar/ el secuestro/ de saber/ la hazaña/ estar orgulloso de]

스페인어 문형별 작문연습 개정판

초 판 1쇄 발행 2010년 2월 25일
초 판 2쇄 발행 2011년 4월 25일
개정판 1쇄 발행 2020년 2월 14일
개정판 2쇄 발행 2023년 2월 28일

지은이 이수열 · 이강국 · 성초림 · 박소영
발행인 고윤성
기획 신선호, 박경민
편집장 장혜정
도서편집 노재은, 변다은
디자인 정정은, 최선아, 김대욱
인사행정 이근영
재무회계 김문규, 정예찬
전자책 · 사전 변다은
발행처 한국외국어대학교 지식출판콘텐츠원
02450 서울특별시 동대문구 이문로 107
전화 02)2173-2493~7
팩스 02)2173-3363
홈페이지 http://press.hufs.ac.kr
전자우편 press@hufs.ac.kr
출판등록 제6-6호(1969. 4. 30)
디자인 · 편집 (주)이환디앤비 02)2254-4301
인쇄 · 제본 (주)케이랩 053)583-6885

ISBN 979-11-5901-719-3 93770 정가 20,000원

*잘못된 책은 교환하여 드립니다.

HUiNE은 한국외국어대학교 지식출판콘텐츠원의 어학도서, 사회과학도서, 지역학 도서 Sub Brand이다. 한국외대의 영문명인 HUFS, 현명한 국제전문가 양성(International +Intelligent)의 의미를 담고 있으며, 휴인(携引)의 뜻인 '이끌다, 끌고 나가다'라는 의미처럼 출판계를 이끄는 리더로서, 혁신의 이미지를 담고 있다.